八段锦

百岁国医大师 邓铁涛 健康长寿之道

（第3版）

邓铁涛 白家祯 曾一玲
郑洪 温伟强 邓任斯 编著

S P M 广东科技出版社
南方传媒 全国优秀出版社

·广州·

图书在版编目（CIP）数据

八段锦：百岁国医大师邓铁涛健康长寿之道 / 邓铁涛等著. —3版. — 广州：广东科技出版社，2024.11（2025.10重印）
ISBN 978-7-5359-8253-7

Ⅰ. ①八… Ⅱ. ①邓… Ⅲ. ①八段锦–基本知识 Ⅳ. ①G852.9

中国国家版本馆CIP数据核字（2024）第026125号

八段锦：百岁国医大师邓铁涛健康长寿之道（第3版）
Baduanjin: Baisui Guoyi Dashi Deng Tietao Jiankang Changshou Zhi Dao（Di 3 Ban）

出 版 人：严奉强
责任编辑：李　婷
装帧设计：友间文化
责任校对：曾乐慧　李云柯
责任印制：彭海波
出版发行：广东科技出版社
　　　　　（广州市环市东路水荫路11号　邮政编码：510075）
销售热线：020-37607413
https://www.gdstp.com.cn
E-mail：gdkjbw@nfcb.com.cn
经　　销：广东新华发行集团股份有限公司
印　　刷：广州市东盛彩印有限公司
　　　　　（广州市增城区上邨工业区工业二路1号）
规　　格：889 mm×1194 mm　1/32　印张4.5　字数115千
版　　次：2024年11月第1版
　　　　　2025年10月第2次印刷
定　　价：39.80元

如发现因印装质量问题影响阅读，请与广东科技出版社印制室联系调换（电话：020-37607272）。

邓铁涛教授简介

邓铁涛（1916—2019），名锡才，广东开平人，中共党员，广州中医药大学终身教授，博士研究生导师，现代著名中医学家。邓铁涛教授出生于中医家庭，1932年就读于广东中医药专门学校（现广州中医药大学），1937年毕业，成为该校第九届毕业生。在长达八十多年的医疗教学科研生涯中，融古贯今，积累了丰富的临床诊疗经验，提出了一系列对现代医学发展有影响的理论学说。

邓铁涛教授自1950年以来，历任广东中医药专门学校教导主任，广州中医学院教师、教研室主任、教务处副处长、副院长，中华人民共和国卫生部第一届药品评审委员会委员，中华全国中医学会常务理事，中华全国中医学会中医基础理论整理委员会副主任委员，中华医史学会委员，广东省第四、第五届政协委员，广东省、广州市科委顾问等职。曾任中国中医药学会顾问、中国中西医结合研究会名誉理事、广东省卫生厅药品评审委员会委员、广东省医史学会主任委员、国家中医药管理局中医药工作专家咨询委员会委员等职。

邓铁涛教授毕生为中医药事业及中医药教育事业努力耕耘，公开出版学术论著数百万字，主编教材7部，参与编写大型工具书7部，共培养硕士研究生28人、博士研究生14人、博士后1人、师带徒19人，取得各级科研成果奖励10多项。

为表彰邓铁涛教授对广东乃至我国中医药学术事业发展作出的重大贡献，1962年、1979年广东省人民政府两次授予他"广东省名老中医"称号，1990年他被国务院批准为首批享受政府特殊津贴专家，1993年中共广东省委高校工委等5个部门授予他"南粤杰出教师特等奖"，1994年中华人民共和国人事部、中华人民共和国卫生部、国家中医药管理局颁发邓铁涛教授全国老中医药专家学术经验继承工作指导老师荣誉证书，2005年他担任国家科技部"973计划"项目首席科学家，2009年他被人力资源和社会保障部、卫生部、国家中医药管理局联合评定为首届"国医大师"。2019年1月10日邓铁涛教授辞世，在告别仪式上，党和国家领导人、有关部委及广东省委负责同志、两院院士、国医大师等纷纷向邓铁涛教授家属表示诚挚慰问，对邓铁涛教授逝世表示深切哀悼，并敬献花圈。2019年9月人力资源和社会保障部、国家卫生健康委员会、国家中医药管理局追授邓铁涛教授"全国中医药杰出贡献奖"。2021年在庆祝中国共产党成立100周年之际，中共中央追授邓铁涛教授"全国优秀共产党员"称号。

推荐序

国医大师邓铁涛教授不仅是我国中医药学界的泰斗，更是一位身体力行的养生实践者。他的一生，不仅在中医理论与临床实践上有着卓越贡献，而且在养生保健方面也有着深厚的造诣。邓老以身作则，通过自己的生活方式向世人展示了中医养生的魅力，特别是他对八段锦这一传统健身功法的深刻理解和不懈坚持，为无数人提供了宝贵的健康指导。

2005年，我曾专程赴广州拜会邓老，有幸近距离观察并学习了他的养生之道。邓老强调，养生不仅要注重内在的调养，还要重视外在的运动，而八段锦正是内外兼修的典范。

随着社会的发展和人们生活节奏的加快，越来越多的人开始关注健康和养生。八段锦作为一种古老的健身方法，在现代社会焕发出了新的活力。它不仅帮助人们恢复体力，还能提升精神状态，增强心理韧性。《八段锦：百岁国医大师邓铁涛健康长寿之道（第3版）》的出版，恰逢其时。它不仅是对邓老养生智慧的传承，也是对中华优秀传统文化的一次重要普及。

是为序！

国医大师

吕景山

2024年10月

第3版序

邓铁涛教授是我国首批国医大师，当代著名中医临床家、教育家和养生专家。他大半生勤于练习健身功法，年近百岁仍耳聪目明、健步捷走，至104岁始安然离去，足见其养生功力之深。其中，八段锦是邓老最常用的养生功法之一。

八段锦是我国传统健身功法，至迟在宋代已经出现，流传至今而不衰。本书主要是介绍国医大师邓铁涛教授所习练的八段锦，属于立式八段锦。立式八段锦在历代流传过程中，形成了不同的风格流派。有一种注重马步、动作较刚劲的套路，据传为岳飞所传，被称为北派；而另一种动作柔和、多采用站式动作的套路，被称为南派。目前，国家体育总局组织整理了一套规范化的套路，即以南派风格为主。

邓铁涛教授习练的八段锦，也属于南派风格。其动作柔和连绵、滑利流畅、有松有紧、动静相兼、简单易练。邓老习练多年，深受其益。为了向广大群众推广，早在二十世纪八十年代，他就和白家祯、曾一玲两位同道一起，将功法和心得整理成《八段锦与健康》一书，由广东科技出版社出版。白家祯在解放战争时期就参加军队卫生工作，1949年随军南下，被分配到军管会广东省卫生接管处，后工作在广东省卫生一线。他也特别注意医疗保健，经常与邓老交流。曾一玲是原广州中医学院解剖教授室的副教授，从事人体解剖与生理病理的教学和研究。他们合作相得益彰，所以《八段锦与健康》一书不只是简单的经验介绍，还有着不少科学探讨的内容，以期让人们更深入地了解八段锦功法的价值。

我作为邓老的学生，曾跟随他学习八段锦的动作。但原本并没有过多关注其历史源流和科学原理。有一年钟南山院士在广州市科学技术协会组织了一场养生科普活动，原定请邓老到会介绍八段锦，不巧邓老临时有其他要务，征得钟院士同意，由我前去代为介绍。为了完成这个任务，我才赶紧加班补课整理材料。好在有这册《八段锦与健康》在手，其中既有理论内容又有实践内容，特别适合用来做科普。我顺利完成任务，得到钟院士的表扬，也从此才真正地了解八段锦的深刻内涵。后来，我又在邓老指导下组织撰写了《中国养生史》一书，对祖国优秀的养生功法有了更系统的了解。

《中国养生史》中介绍了许多传统健身功法，相比而言，八段锦确实是简便易行、容易推广而又功效卓著的一种。有的年轻人以其动作太轻柔，不相信有什么作用。其实传统养生功法的原则与现代体育锻炼的原则不尽相同，前者讲究由外而内，调整脏腑，同时贵在坚持，久久为功。邓老就是一个范例。我曾多次陪邓老出差，当时他年近90仍奔走各地讲学授业或参与重大会议，旁人常担心他过于疲劳。但我亲眼目睹，邓老每天只要稍有空暇，必闭目静坐，或起而做若干太极拳或八段锦动作，始终能精神矍铄。这是他长期坚持练习的成效。

说到坚持，有的人总是抱怨没有时间。邓老说过，哪怕每天根据情况只做一两个招式，也是有作用的。按我的理解，邓老的说法体现着一种态度和意识，有了这种意识，就进入了养生的境界，随时随地都能因地而宜，起而行之，过则抑之，不足补之，久而久之就自然能够增进健康。

《八段锦与健康》一书从最早出版至今已近四十年。二十年前，此书又曾经再版过。现在邓老虽然逝世，但他的医德医术和养生方法至今还产生着广泛影响。为了继承和发扬邓老造福群众的精神，其嗣孙邓任斯嘱我增补原书，以修订发行。此版主要补充八段锦源流的一些资料以及近年来的研究进展，原有内容作适当调整，大部分均予保留。不敢掠美，特在序中说明。

郑洪
2024年8月

第2版序

中国已进入小康社会，人口老龄化时代已来临，"寿而康"成为人们幸福的追求。没有一个健康的身体，即使有更多的物质财富，也是空的。健康不能用钱去购买，健康也不能人到老年或有病时才去重视。古人说："临渴而掘井，斗而铸锥，不亦晚乎！"健康长寿，要靠锻炼、靠积累。中医学讲究"养生"的那种"生死由命，富贵在天"宿命论思想是错误的。我国有几千年文化传统，其中有不少宝贵的"养生"理论与实践，值得我们去继承和发展。

中医有一本经典著作——《黄帝内经》，其中的养生理论值得我们学习与实践。

名中医刘炳凡先生的《养生颐年古今鉴》对《黄帝内经》有关养生理论概括得很好。他说："《黄帝内经》集战国前养生思想、实践之大成，记述了不少养生学方面的理论和方法。概而言之，可分为四个方面。

一是精神的摄养。《素问·上古天真论》'恬淡虚无，真气从之；精神内守，病安从来？'

二是适应外界自然环境的变化。《素问·四气调神大论》'春夏养阳（以养其生发之本），秋冬养阴（以养其闭藏之根）'，以遂其收藏之根，以顺其自然也。

三是注意饮食起居的调节。要求人们饮食有节，起居有常，不可'以酒为浆，以妄为常（晨昏颠倒）'（《素问·上古天真论》）。

四是注意锻炼身体。主张'法于阴阳，和于术数'，如吐故纳新、气功之类。在劳逸方面，强调劳逸适度，避免'久视'（伤血）、'久立'（伤骨）、'久行'（伤筋）、'久卧'（伤气）、'久坐'（伤肉）等。"

刘氏又说："《黄帝内经》认为，精宜藏，主张节制房事，以固其精；气宜调，主张劳逸结合、慎饮食、和七情，以调其气；形宜动，主张和于术数，形劳而不倦，以运动形体；神宜静，主张恬淡虚无、调和情志、顺应四时,以调其神。精气神协调统一,长盛不衰则内使生命力旺盛、外可与自然界协调,从而保持健康与长寿。"

从上述足见,《黄帝内经》的养生理论是科学的,值得我们去继承与发扬。至于运动体形、吐故纳新方面,几千年来有形式多样的宝贵传统,如五禽戏、八段锦、太极拳等中华文化的瑰宝,对其进行承传与推广,可以提高人民的健康水平。

近二十多年来流行一句话——"生命在于运动"。这句话提醒人们,要注意运动以增强体质。现代人整天坐办公室,看电视、电脑的时间已占24小时的大部分,出入以车代步,上楼乘搭电梯,用机械代替肢体的活动,好逸恶劳,导致血脉流通不畅而疾病缠身!"生命在于运动"的确是一句有针对性的话,不过,这句话只说对了一半。这句话见于报章之后不久,老年人因运动量过度而出事者不少,甚至有大学医学教授就在运动中倒于运动场上!"生命在于运动"必须加上"运动不能超量"才算完整。有关这一问题,1700多年前名医华佗已经讲得很清楚,华佗对他的弟子吴普说:"人体欲得劳动,但不使极耳,动摇则谷气得销,血脉流通,病不得生,譬犹户枢,终不朽也。"华佗的"但不使极耳",提示"运动要注意适量",这是一句至关紧要的话,应加在"生命在于运动"之后,成为"生命在于运动,运动要注意适量",这才是完整的格言。

  运动有刚有柔,我认为柔性的运动对于体弱、年老及妇女儿童都更为合适,所以我主张柔性的运动。一讲柔性的运动,自然会想到太极拳,但我除了太极拳之外,更喜欢八段锦。因为太极拳本是技击拳术的一种,自杨澄甫删去刚劲之动作而成功地将其转为既能搏击又能保健的名拳,而八段锦本来就为保健而设。我自50岁起热爱八段锦,每晨必练,可说数十年来从未停止,身体健康获益良多,并从中体会到健身的道理,有意推广之,乃与白家祯、曾一玲两位教授编写《八段锦与健康》一书,由广东科技出版社出版发行多年了。为了进一步推广这一文化结晶,使人登寿域,故再修版本,以供同好,并为之序。

目录

一 中医的养生思想

（一）《黄帝内经》谈养生 -003

（二）养生的注意事项 -009

二 导引的渊源

（一）什么是导引 -014

（二）马王堆帛画《导引图》 -015

（三）华佗的五禽戏 -018

（四）隋唐时的导引功法 -023

八段锦
——百岁国医大师邓铁涛健康长寿之道（第3版）

 八段锦的由来

（一）八段锦功法出现于宋代 - 027

（二）立式八段锦功法的发展 - 030

四 八段锦套路图解

（一）两手托天理三焦 - 037

（二）左右开弓似射雕 - 041

（三）调理脾胃须单举 - 045

（四）五劳七伤望后瞧 - 049

（五）攒拳怒目增气力 - 053

（六）两手攀足固肾腰 - 057

（七）摇头摆尾去心火 - 061

（八）背后七颠百病消 - 065

五 八段锦健身的道理

（一）从人体组织结构论八段锦的作用 -071

　　八段锦对颈部疾病的作用 -078

　　八段锦锻炼胸腹部对内脏疾病的防治 -081

　　八段锦锻炼腰部对疾病的防治 -082

（二）从脏腑经络论八段锦的作用 -086

　　八段锦对脏腑的作用 -088

　　八段锦对经络的作用 -091

（三）对八段锦的现代研究 -096

IV | 八段锦
——百岁国医大师邓铁涛健康长寿之道（第3版）

六 邓铁涛教授论养生

（一）论养生之道 - 101
（二）养生的内涵 - 104
（三）养生与文化 - 106
（四）养生与环境 - 108
（五）养生与心态 - 111
（六）养生与正气 - 113
（七）养生与肾精 - 114
（八）养生与饮食 - 116
（九）养生与运动 - 118
（十）养生与气功 - 121

一 中医的养生思想

健康的身体，是无价之宝。健康之道很多，我们认为八段锦是一项历史悠久、简单易学、行之有效的健身术，值得提倡，因此合写了《八段锦——邓铁涛健康长寿之道》。本书旨在使弱者壮，老者健，防病治病，益寿延年。

为了让读者对八段锦有较全面的了解，我们有必要将中医养生学的指导思想作简略的叙述。

（一）《黄帝内经》谈养生

中医最早的经典书籍《黄帝内经》中，关于中医养生理论非常丰富。如果要简练地概括，《灵枢·本神》中这一段话概括得最为根本："故智者之养生也，必顺四时而适寒暑，和喜怒而安居处，节阴阳而调刚柔，如是则僻邪不至，长生久视。"这里谈到三个重要的原则。

顺四时而适寒暑

这一原则又可以叫"四气调神"，这是《素问》的篇名，具体地论述了人要顺应四时之气调摄精神的道理，这是天人相应的体现。《四气调神大论》中提到：

"春三月，此谓发陈。……夜卧早起，广步于庭，被发缓形，以使志生……"

"夏三月，此谓蕃秀。……夜卧早起，无厌于日，使志无怒……"

"秋三月，此谓容平。……早卧早起，与鸡俱兴，使志安宁，以缓秋刑，收敛神气，使秋气平……"

"冬三月，此谓闭藏。水冰地坼，无扰乎阳，早卧早起，必待日光，……去寒就温，无泄皮肤……"

这些言论体现了注重与天地自然阴阳有序变化同步的观念，其中蕴含着深刻的生物学原理。

当然，里面说到的卧、起时间，适合于农耕时代的生活节奏，与现代人生活方式不一样，很多人觉得行不通。但是要注意，正是因为农耕时代节奏缓慢，人们才能充分和深入地观察自然规律和生命规律，而这些规律在今天其实并没有改变。因此，人们仍然应该遵循这一原则。即使由于工作、生活等原因不能严格地做到古人所说的那样按时卧、起，但仍可把握这一思想的精髓，让生活有张有弛，更多地顺应自然季节的阴阳消长，这对健康仍然是有帮助的。

和喜怒而安居处

这一原则也有非常深刻的道理。《黄帝内经》关于情志有两种说法。

一种是《素问·上古天真论》说的："恬淡虚无，真气从之；精神内守，病安从来？"这反映出中医学受古代道家思想影响颇大，强调保持清心寡欲、举止节制的生活习惯。

另一种是《素问·阴阳应象大论》中的"从欲快志于虚无之守"，可能更容易被普通人接受。"从欲快志"，表面上就是说顺应欲望，让自己心情舒畅，这不正是普通人的追求吗？

《灵枢·师传》也很洞察人心地说过："百姓人民，皆欲顺其志也。"但是要注意的是，这句话是有前提的，完整的说法是"从欲快志于虚无之守"，其实与第一种说法是一致的。也就是说，如果一个人追求很高，欲望很大，这样的"从欲快志"并不好，无论是身体还是心灵都会带来很大的压力。当然如果强行压制他的思想，可能令他憋屈、抑郁，同时也不利于健康。

因此，真正良好的思想和情绪，是在心态上恬淡、宁静。如果一个人从内心里就不喜欢大鱼大肉，那他吃清茶淡饮就感到最舒服，这就是"从欲快志于虚无之守"了。

当然，现代社会里人们的压力比古代社会要大得多，各方面的物欲刺激也很多。但是应该要明白，身体健康是支持一切追求的前提。如果不能把握好进取与恬淡的尺度，那就会疾病丛生了。

《灵枢·本神》谓："怵惕思虑者则伤神，神伤则恐惧，流淫而不止。因悲哀动中者，竭绝而失生。喜乐者，神惮散而不藏。愁忧者，气闭塞而不行。盛怒者，迷惑而不治。恐惧者，神荡惮而不收。"可见，不光是紧张、恐惧有害，过分高兴也一样对身体无益。

节阴阳而调刚柔

这一原则，含义更广，实际上把各类活动都包含在"节阴阳"里面了，包括昼夜劳作、起居有节，也包括男女房事有节等各方面。《黄帝内经》有关性教育的内容很丰富，主要有以下三个方面。

首先，是反对纵欲。批评"以欲竭其精，以耗散其真"（《素问·上古天真论》）的做法，提倡"持满"，即满而不泄之意。

其次，是指出合理的性生活可以促进健康。《素问·阴阳应象大论》说："能知七损八益，则二者可调，不知用此，则早衰之节也。"其中，"二者"指"阴阳"；"七损八益"，历代注家争论不休，未得其解。近年马王堆竹简医书《养生方·天下至道谈》出土后，已证明"七损八益"是指七种有益和八种有害的性交姿势。说明《黄帝内经》时代人们对性生活与健康的了解已极其深入。

第三,是强调房事宜忌,指出性生活宜与四时阴阳变化相适应,例如冬天阳气闭藏,就当"无扰乎阳""逆之则伤肾"。

《黄帝内经》还提到两种因房事不注意而导致疾病的情况。一是《素问·上古天真论》的"醉以入房",认为这是耗竭真精,导致早衰的妄为之一。二是《素问·风论篇》的"入房汗出中风",指房事后汗出受风寒导致疾病。

概括起来,《素问·上古天真论》提出了与以上养生三原则相关的总体要求:

"上古之人,其知道者,法于阴阳,和于术数,食饮有节,起居有常,不妄作劳,故能形与神俱,而尽终其天年,度百岁乃去。"

更指出养生要"志闲而少欲""适嗜欲""为无为之事,乐恬淡之能"等,才能"寿命无穷,与天地终"。否则,"以酒为浆,以妄为常,醉以入房,……起居无节,故半百而衰也。"

又强调健康的心理状态应该表现为"心安而不惧，……气从以顺，各从其欲，皆得所愿"，以及"无恚嗔之心"等。

所有这些，都值得今人好好体会。

（二）养生的注意事项

《黄帝内经》中还有许多谈及养生的内容，后世医学家和养生家对养生也有较多研究。在这里，我们通俗地将中医养生所强调的注意事项总结为以下四方面。

注意养神　调节七情

心藏神，为一身之主。

《黄帝内经》经典篇章《素问·灵兰秘典论》指出："主明则下安，以此养生则寿，殁世不殆，以为天下则大昌；主不明则十二官危，使道闭塞而不通，形乃大伤，以此养生则殃，以为天下者，其宗大危。"所以保养心神是养生的首要问题。

要保养心神，首先要重视七情的调节，勿使太过，才能使全身的阴阳得以平秘，达到"正气存内，邪不可干"的目的。

《素问·上古天真论》说："恬淡虚无，真气从之；精神内守，病安从来？"即人要胸怀广阔，不患得患失，才能使精神处于稳定状态。这是养生防病的大前提，是延年益寿的指导思想，是十分重要的理论，值得引起重视与探索。

珍惜精气　节戒色欲

《黄帝内经》早就指出"醉以入房"的弊端。历代医家又反复强调保养肾精的重要性，如元代名医朱丹溪的《格致余论》，就专门为此撰写了《色欲箴》。

精是人体赖以生存的高级精微物质，精充则体健寿长，精耗则体衰而不能尽其天年。倘不知爱惜，尽管有很好的营养和优越的生活环境，也不能健康长寿。历代帝王的寿命史就可以说明这个问题。

据说清代乾隆皇帝之所以长寿（89岁），全靠御医教他"远房帷，习武备"之故。当然，如果只讲习武，不注意保精，长寿也是不可能的。

保护脾胃　饮食有节

肥甘厚味常为致病之源，过饥过饱易伤脾胃之气。

脾胃一伤，则诸病丛生。

元代李东垣著《脾胃论》，论述至为深刻。许多高龄老人的饮食习惯证明，饮食清淡，适时适量，是长寿的一个重要因素。现在防治冠心病十分强调少食高胆固醇食物，以免引起动脉硬化，这是有一定道理的，但也不能机械看待。

有些人虽然尽量少食或不食这一类食物，但胆固醇指标仍然很高，这就要靠体育锻炼来帮助解决了。

重视运动　勿使过度

提倡体育运动以增强体质，从而达到祛病延年的目的，在我国古已有之。

汉代华佗在论五禽戏时指出："人体欲得劳动，但不当使极耳。动摇则谷气得销，血脉流通，病不得生。"

虽说"生命在于运动"，但"不当使极"是一句带关键性的话，即运动不能过量。对体弱者来说，尤需予以足够的重视，认真地对待。

运动的种类很多，从传统角度来看，可分外功与内功两大类型。

体操、跑步、外家拳术之类需要使用外劲的运动属外功；五禽戏、太极拳、八段锦之类则属内功。

若以强壮身体为目的，则内功、外功均可；若从养生角度来考虑，尤其是对中、老年人来说，则以内功为好。

内功用意不用力，以意为主，以意引气，以气运肢体，不偏不倚，不会伤气耗血。

如能持之以恒，则气血流畅，体力日健，精神日充，获益匪浅。

二 导引的渊源

（一）什么是导引

《吕氏春秋·古乐篇》载："昔陶唐氏之始……民气郁阏而滞著，筋骨瑟缩不达，故作舞以宣导之。"这是指"导引"是上古之人从舞蹈发展而来，导引有舞蹈的内容。

《黄帝内经·素问》中有"导引"一词。唐代名医王冰注解说："导引谓摇筋骨，动支（肢）节。"由此看来，导引即是运动。

王冰又在《黄帝内经·素问·金匮真言论》对"按跷"一词注解说："按谓按摩，跷谓跷捷者之举动手足，是谓导引。"即导引又包括按摩运动。

《庄子·刻意篇》载："吹呴呼吸，吐故纳新，熊经鸟申，为寿而已矣。此道引之士、养形之人、彭祖寿考者之所好也。"前面两句指出导引包括呼吸运动，即现在所说的"气功"，第三句指全身运动。可见，导引为益寿延年之术。

李颐注《庄子·刻意篇》概括导引之精义为"导气令和，引体令柔"，即行导引时必须注意气和、体柔。

（二）马王堆帛画《导引图》

以上这些说法，在长沙马王堆《导引图》出土后，一一得到了印证。

马王堆三号汉墓，葬于西汉时期（公元前168年），于二十世纪七十年代被发现。墓中发现了一幅绘有44个动作的帛画，考古工作者根据前人关于"导引"的论述，将该图命名为《导引图》。

该图用红、蓝、棕、黑等多种颜色描绘而成，共有44种不同姿态的人形在做不同的导引动作，其招式各不相同，有的人形边上还标有"鹞背""龙登""熊经""鸟信（伸）""猿呼"等题名。

这44个动作，有徒手运动式的，也有持械运动式的，参考图式与文字题记可将其分为两类：①保健功（如"熊经"与"鸟信"）；②治病功（如"引温病""引聋""引膝痛""引痛"等）。

从这些动作中，可以体会"导气令和，引体令柔"的特点。

"导气令和"，即注重"呼吸吐纳"，要求动作要与呼吸配合，马王堆帛画中的"猿呼"式，两手一上一下张开，就似乎在模仿猿猴长啸。

"引体令柔"的"柔"字，表明了古代对身体健康的看法，完全有别于现代的肌肉强健型，而是更强调极力伸展肢体和活动关节，要求筋"柔"而不是肌肉壮实。像《导引图》中"鸟伸"，图示为下身直立，上身下弯，两手平行下压，锻炼腰背的柔韧性。

值得一提的是，另一个汉代古墓即张家山墓出土竹简《引书》，有一些文字与《导引图》正好可以对应，用文字描述了导引招式的动作特点和练习方法。如：

"螳螂"招式可以活动经脉；
"凫沃"即像水鸟浴后摇动头部，可有利于颈椎；
"熊经"像黑熊一样攀树而立，有利于舒展腹背；
"蛇甄"像蛇一样埋头，可以保养脑部；
……

为了证实八段锦源于导引，邓铁涛教授复绘了马王堆出土的《导引图》与八段锦相似的图式（图1）。

二 | 导引的渊源　017

图1　《导引图》与八段锦相似的图式

（三）华佗的五禽戏

这种模仿飞禽走兽的姿态运动身体的导引方法，始见于《淮南子·精神训》，该书记叙六种禽兽的动态：熊经、鸟申、凫浴、蝯（猿）躩、鸱视、虎顾。到了东汉末年，名医华佗创制的五禽戏，也与此类似。

所谓五禽戏包括虎、鹿、熊、猿、鸟五种术式，与上述六种禽兽戏有一脉相承的关系。估计其中经过由简至繁，又由繁到简的筛选和提炼的过程，至东汉末年华佗时基本定型。

五禽戏的术式如何？

据载，华佗说："是以古之仙者为导引之事，熊颈鸱顾，引挽腰体，动诸关节，以求难老。吾有一术，名五禽之戏，一曰虎，二曰鹿，三曰熊，四曰猿，五曰鸟，亦以除疾，并利蹄足，以当导引。体中不快，起作一禽之戏，沾濡汗出，因上著粉，身体轻便，腹中欲食。"

也就是说，他的五禽戏分别模仿虎的扑动前肢、鹿的伸转头颈、熊的伏倒站起、猿的脚尖纵跳、鸟的展翅飞翔等动作，这可以对全身各个关节和肌肉群都起到锻炼的作用。

华佗还就练习原则进行了说明。他说在身体觉得不畅快的时候，只作一禽之戏就可以，不要过于劳累。每次运动的标准是"沾濡汗出"，也就是微微有汗，衣服略潮即可。这与现代人在各类健身广告上所看到的大汗淋漓截然不同。

中医说"汗血同源"，不主张出汗过多。当然出汗即使多，如能及时补充水分和盐分也不会有问题。但中医还有一句话叫"气随津泄"，出汗过多也损耗人的元气，这种无形的气就不易补了。

现代的体育运动，如有规范的锻炼指导，合理安排运动量，注意补充营养，也是十分有利于增进健康的。问题是很多人只是随意锻炼，缺乏科学方式，与其这样，还不如谨守中医的原则，即"劳而不极"，确保有益处而少害处。

华佗甚至不要求五禽戏全部都练完，这也是因人而异的体现。如果体质强壮，或者经过一定时间的练习后体力提高了，可以一次做二禽、三禽或五禽之戏，甚至完整的五禽戏多练几遍都可以，关键还是把握好"不极"的度。

根据记载，华佗弟子吴普跟随师父学习五禽戏后，经常练习，"年九十余，耳目聪明，齿牙完坚"。可见其效果确实很好。

华佗的五禽戏没有留下图示。据宋《云笈七签·导引按摩》所辑录华佗的《五禽戏》为：

虎戏者：四肢距地，前三掷，却二掷。长引腰，乍却仰天即返，距行前却各七过也。

鹿戏者：四肢距地，引项反顾。左三右二，左右伸脚伸缩亦三亦二也。

熊戏者：正仰，以双手抱膝下，举头，左僻地七，右亦七。蹲地，以手左右托地。

猿戏者：攀物自悬，伸缩身体，上下一七。以脚拘物自悬，左右七。手钩却立，按头各七。

鸟戏者：双立手，翘一足，伸两臂。扬眉鼓力，右二上，坐伸脚，手挽足距各上，缩伸二臂各上也。

明代有一位养生家叫罗洪先,他在著作《卫生真诀》中记载了当时经复原的"五禽戏"功法(图2),并绘成图像如下:

虎

鹿

熊

猿

鸟

图2 五禽戏

与罗洪先同时代的养生家周履靖，也对五禽戏的练习方法进行了文字说明。以"虎势"为例，其练习要求与过程是这样的：

"闭气，低头，拳战如虎发威势；两手如提千觔铁，轻起来，莫放气，平身吞气入腹，使神气上而复，觉得腹内如雷鸣，或五、七次；如此行之，一身气脉调，精神爽，百病除。"

其中一禽之戏的动作反复多次，有一定的运动量。坚持下来就能"精神爽，百病除"。

（四）隋唐时的导引功法

隋代著名医家巢元方《诸病源候论·白发候》引《养生方导引法》载："令此身囊之中满其气，引之者，引此旧身内恶邪伏气，随引而出，故名导引。"这对导引法用于治病的原理进行了说明。

《诸病源候论》收载的"导引法"包含导引、行气、按摩、存想等内容，共280余条。

在唐代，就出现了各种各样的导引功法。初唐名医孙思邈在《备急千金要方》中记载了两种"按摩"法，其实是指导引法。一种是"天竺国按摩法"，显然是自印度传入的功法，共有十八式，孙思邈说"老人日别能根据此三遍者，一月后百病除，行及奔马，补益延年，能食，眼明轻健，不复疲乏"（《备急千金要方·卷二十七养性·按摩法第四》）；另一种名为"老子按摩法"，共有近五十式动作。

孙思邈兼容并蓄中外保健功法，促进了导引的发展。他特别针对老年人养生强调：

"每日必须调气补泻、导引按摩为佳,勿以健康便为常然,常须安不忘危,预防诸病也。"

(《备急千金要方·卷二十七养性·居处法第三》)

唐代还有王仲丘著《摄生纂录》,其中有"导引篇",载有"赤松子坐引法"和"婆罗门导引法"。其中"婆罗门导引法"十二式,分别名为龙引、龟引、麟盘、虎视、鹤举、鸾趋、鸳翔、熊奋、寒松空雪、冬柏凌风、仙人排天、凤凰鼓翅,富有特色。

三 八段锦的由来

在历代导引发展的基础上，至宋代出现了八段锦。八段锦是我国医疗体育的瑰宝之一。它是历经千百年的筛选，然后编织成八段锦绣般的健身之术。以"锦"命名的导引法自宋以来，越来越多，如《四段锦》《八段锦》《八段锦导引诀》《八段锦坐功图》《八段锦立功歌》《百段锦》《坐式十二段锦》《外壮功八段锦》等。

（一）八段锦功法出现于宋代

八段锦功法的名称，首次见于南宋文人洪迈所著《夷坚志》：

"政和七年，李似矩为起居郎……尝以夜半时起坐，嘘吸按摩，行所谓八段锦者。"

但这里所说的应是坐式八段锦。

南宋文人陈元靓编《事林广记·修真秘旨》中的"吕真人安乐法"，则已经接近于后来的立式八段锦。其歌诀说：

昂首仰托顺三焦，左肝右肺如射雕；
东脾单托兼西胃，五劳回顾七伤调；
鳝鱼摆尾通心气，两手搬脚定于腰；
大小朝天安五脏，漱津咽纳指双挑。

南宋曾慥《道枢》中，也辑录了立式八段锦的资料，并对其健身作用作了说明：

仰掌上举以治三焦者也。左肝右肺如射雕焉。
东西独托所以安脾胃矣。反复而顾所以理其伤劳。
大小朝天所以通其五藏矣。咽津补气左右挑其手。
摆鳝之尾所以祛心之疾矣。左右手举其足所以治其腰矣。

上述八段：

第一段、举手治三焦；

第二段、左右射雕治肝肺；

第三段、单举手以治脾胃；

第四段、头反复回顾以治劳伤；

第五段、先弯腰后仰视治五脏；

第六段、咽津左右挑手以补气力；

第七段、摆尾骶以治心；

第八段、左右手举其足以治腰（腰为肾之腑，亦即治肾）。

这与现在八段锦有强壮与治疗脏腑的作用基本相近。

托名于许逊的《灵剑子引导子午记》，大约成书于宋金时期，所载的一种功法也近似于今之立式八段锦。据《道藏》324册辑录之术式：

仰托一度理三焦。左肝右肺如射雕。

东肝单托西通肾。五劳回顾七伤调。

游鱼摆尾通心脏。手攀双足理于腰。

次鸣天鼓三十六。两手掩耳后头敲。

前六句与现在的八段锦相同，而且词句更为相近。其第七句，是鸣天鼓的次数，第八句是鸣天鼓的做法，故应为七段锦。

（二）立式八段锦功法的发展

在清代以前，多数著作中的八段锦都是指坐式八段锦，立式八段锦功法虽然基本成型，但似未有固定名称。至清代，才逐渐将其称为"立八段锦"，招式也定型了（图3），也就是本书所介绍的一套术式。具体内容如下：

两手托天理三焦，左右开弓似射雕。
调理脾胃须单举，五劳七伤望后瞧。
摇头摆尾去心火，背后七颠百病消。
攒拳怒目增气力，两手攀足固肾腰。

近代一些练习者也曾对这套功法进行改进，如晚清医家娄杰于1875年著《八段锦坐立功图诀》一卷书，他认为原来的歌诀如"两手托天理三焦"等，词既太俚，作法又未明晰，故不但重新润色歌诀，并增入图说。经他改编的"八段锦立功"歌诀及新定名称如下：

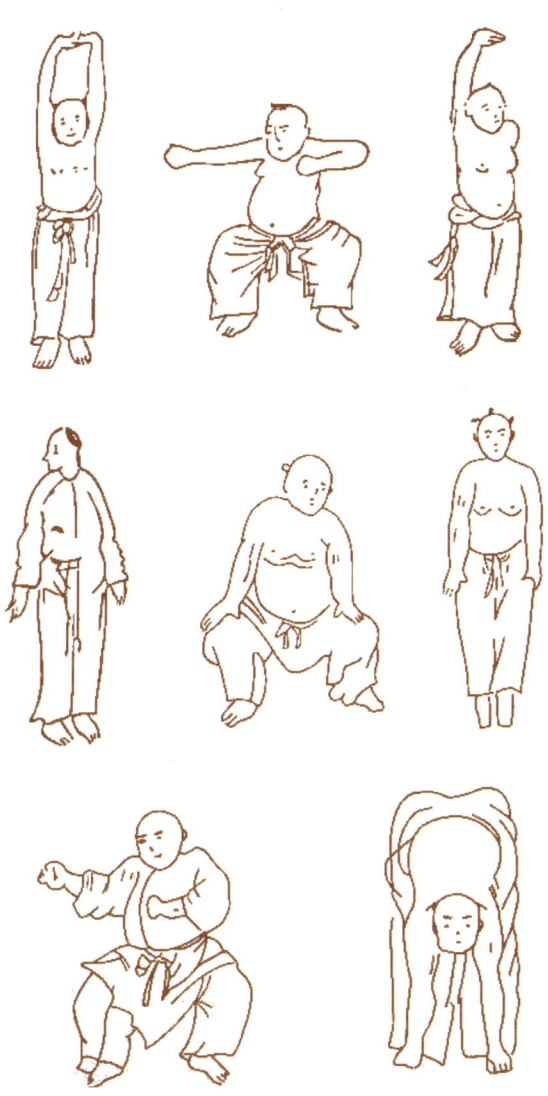

图3 清《新出保身图说·八段锦图》

手把碧天擎（擎天式），雕弓左右鸣（关弓式）；

鼎凭单臂举（举鼎式），剑向半肩横（负剑式）；

擒纵如猿捷（猿蹲式），威严似虎狞（虎踞式）；

更同飞燕急（飞燕式），立马告功成（立马式）。

到了民国时期，体育家王怀琪（1892—1963）对推广立式八段锦作出了重要贡献。1916年他在中国体操学校任教，编写了《订正八段锦》，融合体操动作对旧八段锦加以注解，从第1段至第8段均有术语、口令及练习方法等，先是刊于商务印书馆的《教育杂志》，后来作单行本由商务印书馆出版，并连续多年再版。该书对八段锦8个动作进行分解说明，配有示意图及真人演习照片。

1929年王怀琪另编《八段锦》"修正本"，由中国健学社出版，每式动作前加上号令，从一二三四至四二三四共四节。每式请人重新绘图，锌版印制。1933年他又出版《袖珍八段锦图》，归纳八段锦的五个优点和六个功效为：

八段锦的优点：

一、不费时间；

二、不需地位；

三、简单易行；

四、男女老幼咸宜；

五、效益宏大。

八段锦的功效：

一、强壮筋骨；

二、稳健步武；

三、增长气力；

四、活泼躯干；

五、驱除疾病；

六、帮助消化。

导引发展至汉代，其以运动肢体为主的一派，经过改进，成为有名的华佗五禽戏。及至宋代从五禽戏一派中，又衍生出"八段锦""百段锦"之术，再到清代形成今天比较简单易行的现在术式的八段锦。

可见这套简单易行的八段锦，已有千百年的历史，并在千百年传授的过程中又经过许多人的改进而成，因此它是名副其实的不仅美如锦绣且既能治病又可延年的健身术。

四 八段锦套路图解

八段锦动作简单易学，经常锻炼，对增强体质、调节人体内各脏腑经络气血的运行，均有显著的功效。下面具体介绍八段锦的内容。

（一）两手托天理三焦

◈ 预备姿势

直立，两臂自然下垂，手掌向内，两眼平视前方，舌尖轻抵硬腭，自然呼吸，周身关节放松，足趾抓地，意守丹田，以求精神集中片刻，两臂微曲，两手从体侧移至身前，十指交插互握，掌心向上。

◈ 动作分解

1. 两臂徐徐上举，至头前时，翻掌向上，肘关节伸直，头往后仰，两眼看手背，两腿伸直，同时脚跟上提，挺胸，徐徐吸气。

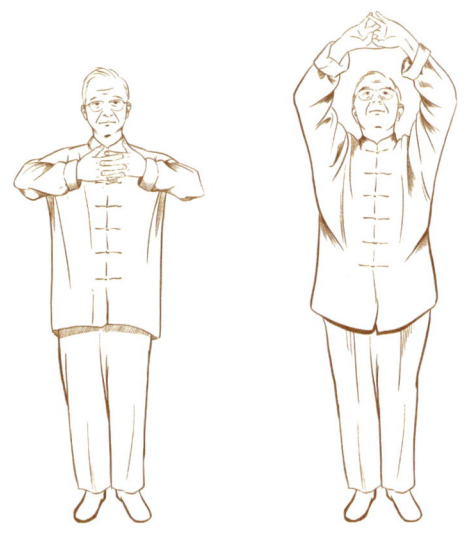

2. 两臂放下，至头前时，掌心由前翻转向下，脚跟下落，臂肘放松，同时缓缓呼气。

如此反复16～20遍，使呼气吸气均匀，最后十指松开，两臂由身前移垂于两侧，以作收势。此为第一段。

◈ 功理作用

从这一段动作上看,是四肢和躯干的运动,以挺胸仰头为主。其活动有利于胸廓扩张,活动颈部诸肌,加强深呼吸,吸进更多的新鲜空气,使身体有更多的氧气,同时加强心血循环,尤其是头脑的血液循环,并将动脉血液运输给全身肌肉和各器官,以解除疲劳,清醒头脑。

◈ 知识延展

"三焦"即上焦、中焦、下焦,中医上指人体部位的名称。上焦是指胸腔部器官,主要包括心、肺等;中焦是指上腹部器官,主要指脾胃等;下焦是指下腹部和盆部器官,包括肝和肾等。所谓"理三焦"是通过这节运动,调理和强健身体各内脏器官。这节动作强调挺胸、头往后仰,所以主要还是以调理肺脏与心血循环(上焦)为主,增加呼吸和血液循环。

◈ 《黄帝内经》谈养生

《黄帝内经》曰:"三焦者,决渎之官,水道出焉。"本段理三焦,调节人体的水液代谢、气血的运行,以达到全身各功能平衡协调。

邓老食疗方

◎ 结合对应食疗

选用人参、丹参、陈皮、麦冬、黄芪、田七等。

◎ 食疗配方

1. 养心益气汤　人参10克，麦冬12克，陈皮3克，瘦肉50克，加300毫升水炖服。

2. 补气活血汤　黄芪20克，田七10克，丹参15克，瘦肉50克，加300毫升水炖服。

（二）左右开弓似射雕

◎ 预备姿势

左脚向左侧跨一步，两腿屈膝成马步，上体直，同时两臂平屈于两肩前，左手食指略伸直，左拇指外展微伸直，右手食指和中指弯曲，余指紧握。

◎ 动作分解

1. 左手向左侧平伸，同时右手向右侧猛拉，肘屈与肩平，眼看左手食指，同时扩胸吸气，模仿拉弓射箭姿势。

2. 两手收，屈于胸前，成复原姿势，但左右手指伸展相反，同时呼气。

3. 右手向右侧平伸，同时左手向左侧猛拉，肘屈与肩平，眼看右手食指，同时扩胸吸气。

如此左右轮流进行开弓16～20遍，最后还原预备姿势且收势。此为第二段。

◈ 功理作用

这一段动作的重点是运动胸部和颈椎。两臂外展且左右交替猛拉促使胸廓扩大，增强呼吸功能与血液循环，有利于神经——体液调节，纠正机体内不协调因素；颈椎左右旋转运动，增加头部的血液循环，有利于心神健康。

◈ 《黄帝内经》谈养生

《黄帝内经》曰："背者，胸中之府，背曲肩随，府将坏矣。"本段宣通肺气，调畅呼吸，温通心脉，宽胸宣痹，重在调理心肺。

邓老食疗方

◎ 结合对应食疗

选用葛根、鸡血藤、牛大力、川芎、天麻、陈皮、党参等。

◎ 食疗配方

1. 舒筋活络汤　葛根20克，鸡血藤15克，牛大力15克，陈皮3克，瘦肉50克，加500毫升水炖服。

2. 行气养血汤　川芎10克，天麻10克，党参15克，瘦肉50克，加300毫升水炖服。

（三）调理脾胃须单举

◎ **预备姿势**

直立，两臂自然垂于体侧，脚尖向前，眼平视前方。

◎ **动作分解**

1. 右手翻掌上举，五指伸直并拢，掌心向上，指尖向左，同时左手下按，掌心向下，指尖向前，拇指开展，头向后仰，眼看右手指尖，同时吸气。

2. 复原，呼气。

3. 左手翻掌上举，五指伸直并拢，掌心向上，指尖向右，同时右手下按，掌心向下，指尖向前，拇指开展，头向后仰，眼看左手指尖，同时吸气。

4. 复原，再呼气。

如此反复16～20遍，运动时宜注意配合呼吸均匀。此为第三段。

◈ 功理作用

这一段的动作是两臂交替上举与下按，上下用力牵拉，同时仰头，直腰脊柱侧屈，使两侧内脏器官和躯干肌肉作协调的牵引，主要作用于中焦，特别使脾、胃等器官受到牵拉活动，促使胃肠蠕动，增强脾胃消化功能。经常锻炼，有助于加强脾胃功能，增进食欲。

◈ 《黄帝内经》谈养生

《黄帝内经》曰："脾胃者，仓廪之官，五味出焉。"脾胃为后天之本，生化之源。百病皆由脾胃，调理脾胃非常重要。本段可促进脾的运化，增加气血的生成。

邓老食疗方

◎ 结合对应食疗

选用党参、莲子肉、淮山、陈皮、山楂、谷芽、麦芽等。

◎ 食疗配方

1. 健脾养胃汤　党参20克，淮山15克，莲子肉15克，陈皮3克，瘦肉50克，加500毫升水炖服。

2. 开胃助食饮　山楂10克，谷芽10克，麦芽15克，加800毫升水煲20分钟后服。

（四）五劳七伤望后瞧

◈ 预备姿势

直立，两臂自然伸直下垂，手掌向腿旁贴紧，挺胸收腹。

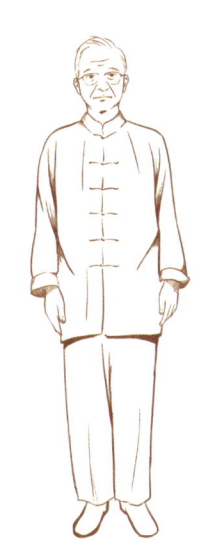

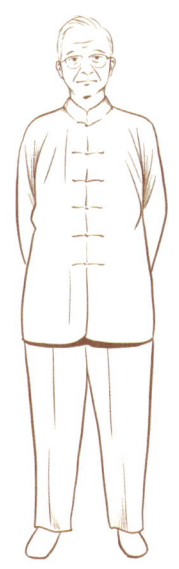

◈ 动作分解

1. 双臂后伸于臀部，手掌向后，躯干不动，头慢慢向左旋转，眼向左后方看，同时深吸气稍停片刻，头旋转原位，眼平视前方，并呼气。

2. 头再慢慢向右旋转,眼向右后方看,并吸气稍停片刻,再旋转原位,眼平视前方,并呼气。

如此反复16~20遍,最后还原成预备姿势且收势。此为第四段。

◈ **功理作用**

这一段动作是使头部反复用力,左右旋转,增强颈部深浅肌群的收缩能力,加强胸骨和第一、第二肋骨的上提,有助于胸廓上部活动,促使两肺尖心血循环。

身体较虚弱的人,由于两肺尖通气较差,常可诱发肺结核和肺脓肿。这一动作主要增强肺脏功能，预防肺结核等肺部疾患。同时头颈部运动对于中枢神经，尤其是脑，都有良好的作用，它能增加脑部的血液供给，加强神经——体液调节，对脏腑气血和全身均有协调作用。

所以，有人认为这节动作对防治五劳七伤都有好处。

这节动作功效甚广，它还能锻炼活动眼球的各种肌肉，提高视觉能力，使颈部诸肌得到锻炼，有助于治疗落枕和颈椎病，减轻眩晕和上肢麻木，改善高血压和动脉硬化等症。

◈ 知识延展

五劳指心、肝、脾、肺、肾五脏的劳损。

七伤指大饱伤脾，大怒气逆伤肝，久坐湿地伤肾，形寒饮冷伤肺，忧愁思虑伤心，风雨寒暑伤形，恐惧不节伤志，泛指身体虚弱多病。

◈ 《黄帝内经》谈养生

《黄帝内经》曰："夫五脏者，身之强也。……得强则生，失强则死。"本段主要功能为强身健体，恢复各方面的机能，大补之虚，升举元气。

邓老食疗方

◎ 结合对应食疗

选用红参、鹿茸、肉苁蓉、红景天、核桃肉、枸杞等。

◎ 食疗配方

1. 补气温阳汤 红参10克,鹿茸3克,肉苁蓉15克,鸡肉50克,加500毫升水炖服。

2. 养心补肾汤 红景天10克,枸杞10克,核桃肉15克,瘦肉50克,加300毫升水炖服。

（五）攒拳怒目增气力

◎ **预备姿势**

两腿分开，屈膝成马步，两侧屈肘握拳，拳心向上，两脚尖向前或外旋，怒视前方。

◎ **动作分解**

1. 右拳向前猛冲击，拳与肩平，拳心向下，两眼睁大，向前虎视。

2. 右拳收回至腰旁，同时左拳向前猛冲，拳与肩平，拳心向下，两眼睁大，向前虎视。

3. 左拳收回至腰旁，随即右拳向右侧冲击，拳与肩平，拳心向下，两眼睁大，向右虎视。

4. 右拳收回至腰旁，随即左拳向左侧冲击，拳与肩平，拳心向下，两眼睁大，向左虎视。

做以上动作配合呼吸，拳冲击时呼气，回收复原时吸气。

如此反复进行16～20遍。最后两手下垂，身体直立。此为第五段。

◈ 功理作用

这一段动作主要运动四肢和眼肌。具体要求：握拳要紧、脚趾用力抓地、全身用力、聚精会神、瞪眼怒目，使大脑皮层和交感神经激发兴奋，加强心血循环，收缩全身肌肉，以利于气血的运行。

◈ 《黄帝内经》谈养生

《黄帝内经》曰："五脏六腑之精气，皆上注于目而为之精。精之窠为眼，骨之精为瞳子，筋之精为黑眼，血之精为络，其窠气之精为白眼，肌肉之精为约束，裹撷筋骨血气之精，而与脉并为系。""肝受血而能视，足受血而能步，掌受血而能握，指受血而能摄。"本段能调补肝肾，强筋明目，壮腰健骨。

◈ 邓老食疗方

◎ 结合对应食疗

选用枸杞、桑椹子、菊花、山萸肉、石斛、陈皮、夏枯草等。

◎ 食疗配方

1. 养肝明目汤 桑椹子20克,枸杞15克,山萸肉15克,陈皮3克,瘦肉50克,加400毫升水炖服。

2. 清肝养目饮 夏枯草10克,菊花20克,枸杞15克,石斛15克,加600毫升水煲20分钟后服。

（六）两手攀足固肾腰

◈ **预备姿势**

两腿直立，两手自然置于体侧，成立正势。

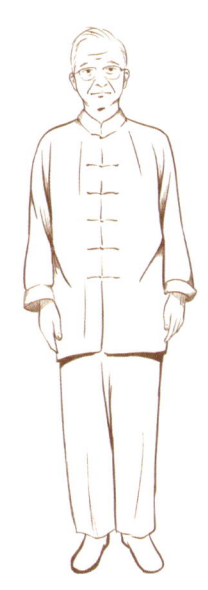

◈ **动作分解**

1. 两臂高举，掌心相对，上体背伸，头向后仰。

2. 上体向前尽量弯曲，两膝保持正直，同时两臂下垂，两手指尖尽量向下，头略抬高。

如此反复16～20遍。此式可用自然呼吸，最后还原收势。此为第六段。

◈ **功理作用**

这一段动作包括头向后仰、上体背伸和弯腰活动，主要运动腰部。

腰是全身运动的中枢，又是头颈和躯干负重的轴心，是人体重要组成部位之一。

腰部运动不仅能加强腰部肌肉、腰椎关节、韧带等连结的活动功能，而且对于支配下肢的主要神经（如坐骨神经），也有良好的作用。

临床常可见到，当腰部损伤时，常引起坐骨神经痛，而腰部损伤治愈后，坐骨神经痛也随之消除。

此外，腰部还可保护腹后壁的重要器官，如肾、肾上腺、输尿管、腹主动脉、下腔静脉和胰脏等。当腰部运动时，能促使腹后壁器官组织的活动，加强各器官的生理功能。例如肾的功能是排泄人体内新陈代谢过程中产生对人体无用或有害的产物（尿酸、尿素等），又有调节体液、电解质和酸碱平衡的功能，对保持体内环境的相对恒定起着重要作用。肾上腺是属于内分泌器官，更与全身各种代谢功能有密切关系。

除腰部运动以外，上体背伸和头向后仰，可使胸廓上提和运动颈部，有助于加强心肺功能，通过心血循环，将大量新鲜血液供给头脑和全身组织。

按中医理论，肾的含义更广泛、作用更重要，被认为是"五脏之一""先天之本""藏精之脏"。

❀ 《黄帝内经》谈养生

《黄帝内经》曰："腰者肾之府，转摇不能，肾将惫矣。"经常锻炼腰部有强肾的作用，既能医治腰腿痛常见病以及腰肌劳损等病，又能增强全身功能。

邓老食疗方

◎ 结合对应食疗

选用核桃肉、肉苁蓉、鹿茸、巴戟天、杜仲等。

◎ 食疗配方

1. 补肾温阳汤 巴戟天10克,鹿茸3克,肉苁蓉15克,鸡肉50克,加300毫升水炖服。

2. 健腰养肾汤 杜仲10克,巴戟天10克,核桃肉15克,瘦肉50克,加300毫升水炖服。

（七）摇头摆尾去心火

◈ 预备姿势

两腿分开，屈膝下蹲成马步，两手按在膝上，虎口向内。

◈ 动作分解

1. 上体及头前俯深屈，随即在左前方尽量做弧形环转，头尽量向左后旋转，同时臀部则相应右摆，左膝伸直，右膝屈曲。

2. 复原成预备姿势。

3. 上体及头前俯深屈，随即在右前方尽量做弧形环转，头尽量向右后旋转，同时臀部则相应左摆，右膝伸直，左膝屈曲。

4. 复原成预备姿势。

如此反复16～20遍，可配合呼吸，头向左后（或右后）旋转时吸气，复原时呼气，最后直立而收势。此为第七段。

◈ **功理作用**

这一段动作是全身运动，尤其是颈椎、腰椎及下肢的活动，头尽量向后旋转，不仅可锻炼颈部肌肉和关节，而且对胸廓活动也起到一定作用，有助于心血循环，大量供给头脑新鲜血液；腰椎活动能锻炼腰部肌肉、关节、韧带等，对腰部疾患及下肢活动皆有良好作用。这一节动作还有助于督脉与足太阳膀胱经的运行。

◈ **《黄帝内经》谈养生**

《黄帝内经》曰："阴平阳秘，精神乃治，阴阳离决，精气乃绝。"是指阴阳平衡的关系，是中医对机体正常生理活动的概述。心肾相交，水火相济。火胜阴液，火上扰心神。本段去火保水，滋阴降火。

◈ 邓老食疗方

◎ **结合对应食疗**

选用百合、龙眼肉、酸枣仁、莲子肉、麦冬、太子参、浮小麦、陈皮等。

◎ **食疗配方**

1. 养心安神汤　百合20克，莲子肉15克，龙眼肉15克，陈皮3克，瘦肉50克，加400毫升水炖服。

2. 清心养神饮　酸枣仁10克，太子参10克，麦冬15克，浮小麦25克，加600毫升水煲20分钟后服。

（八）背后七颠百病消

◈ **预备姿势**

直立，两手置于臀后，掌心向后，挺胸，两膝伸直。

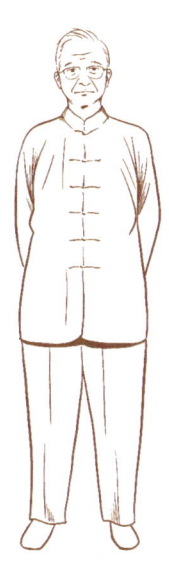

◈ **动作分解**

1. 脚跟尽量上提，头向上顶，同时吸气。
2. 脚跟放下着地且有弹跳感，同时呼气。

如此反复进行16～20遍，最后恢复成预备姿势而收势。此为第八段。

◈ 功理作用

这一段动作的要领是使全身肌肉放松。强调脚跟上提后作轻微的振动，使全身肌肉渐渐松弛，完成全套八段锦运动后，各脏器及肌肉的缓解复原；同时足部的弹性振动，可活动整个脊柱、椎骨之间各种关节韧带以及椎间盘连结，减轻或预防脊柱各段椎骨的疾患，这种轻微振动更能影响脊柱管内和颅腔内的脑脊髓液，使之加速循环，有利于脑和脊髓中枢神经的血循环畅通，进而加强全身神经——体液调节。

◈ 《黄帝内经》谈养生

《黄帝内经》曰："正气存内，邪不可干。"本段调理气血，通畅经络，扶正祛邪，百病自消。

◈ 邓老食疗方

◎ **结合对应食疗**

选用北芪、红参、灵芝、红景天、陈皮、白术、防风、苏叶等。

◎ **食疗配方**

1. 补气强健汤　红参10克，灵芝15克，红景天15克，陈皮3克，瘦肉50克，加400毫升水炖服。

2. 补气固表饮　北芪20克，白术10克，防风15克，苏叶15克，加600毫升水煲20分钟后服。

以上八段锦动作简单，每一段动作都能对身体某一局部起到应有的效能，并通过局部调节整体。此八段动作，运动量不大不小，老弱咸宜，既可防病锻炼身体，又能医治疾病，特别是一些久治不愈的慢性病，通过锻炼一定能收到意外的效果，这已是实践证明了的。

五、八段锦健身的道理

八段锦有防病治病、益寿延年的作用。前面部分已有简单的叙述,为了让读者对八段锦健身之理有进一步的了解,以增强锻炼的信心,现分别用中西医理论,再作概要的分析。

（一）从人体组织结构论八段锦的作用

八段锦能运动全身各个部位，其中最主要的是背部的肌肉和脊柱。

八段锦的8个动作中，每个动作都直接锻炼了脊柱。

第一段"两手托天理三焦"，有脊柱伸展的动作；

第二段"左右开弓似射雕"，有颈段、腰段的脊柱向左右旋转的动作；

第三段"调理脾胃须单举"，有脊柱向左右侧屈的动作；

第四段"五劳七伤望后瞧"，有颈部向左右转动的动作；

第五段"攒拳怒目增气力"，有胸部、脊柱向左右旋转的动作；

第六段"两手攀足固肾腰"，有脊柱前屈的动作；

第七段"摇头摆尾去心火"，有脊柱做环转运动的动作；

第八段"背后七颠百病消"，有脊柱轻微伸展配合呼吸使全身放松的动作。

综上所述，八段锦锻炼可使脊柱进行前屈、后伸侧屈、左右旋转和环转等全面运动。

脊柱是人体的中轴,它前面是胸腔、腹腔、盆腔的重要内脏器官,后面是背部的肌肉、神经、血管、淋巴等,两侧有与全身各器官相连的脊神经及支配内脏器官的交感神经干。

因此,运动脊柱可加强全身各部位器官的活动功能。

运动脊柱涉及的背部结构颇为复杂,自外向内包括皮肤、皮下组织、肌肉、韧带、脊柱、肋、脊膜、脊髓以及神经、血管等(图4)。现分别说明如下:

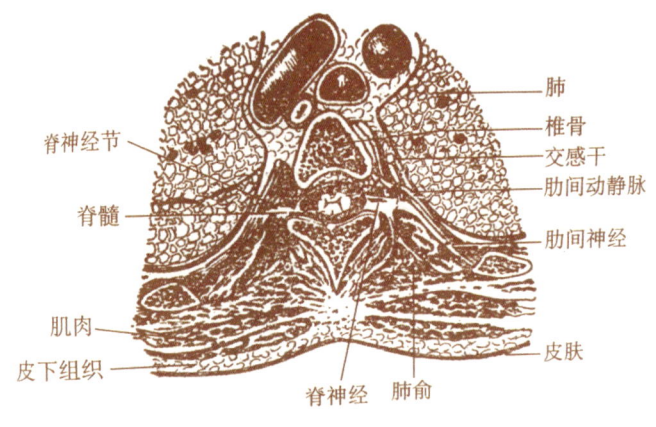

图4 胸背部各层结构

(1)背部的皮肤和皮下组织。

背部的皮肤较致密,在背部的浅筋膜中有脊神经后支的皮支分布。

(2)背部的肌肉。

背部的肌肉可分为4层：第一层为斜方肌、背阔肌；第二层有夹肌、肩胛提肌和菱形肌，其深面有后上锯肌和后下锯肌；第三层为骶棘肌；第四层在颈部为椎枕肌，腰部有腰方肌、腰大肌和脊柱两侧的诸短肌。

(3)颈、背部的血管、神经。

颈后肌肉的营养来自锁骨下动脉的分支。腰背部的肌肉和皮肤的营养主要来自肋间动脉和腰动脉。支配颈后、背部的主要神经为脊神经后支。

(4)脊柱。

由全部椎骨偕椎间盘、椎间关节及韧带连结而成（图5）。

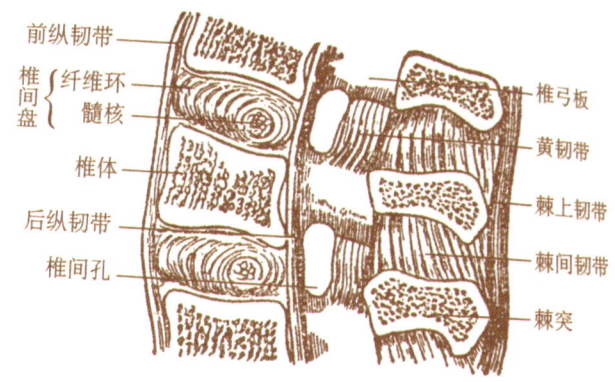

图5 椎骨连结示意

椎骨一般都由椎体、椎弓及由椎弓发出的突起3部分组成。椎体构成椎骨的前部。椎弓位于椎体的后方，呈半环形，两端连于椎体，并与椎体共同围成椎孔，全部椎骨的椎孔上下连续，形成一条纵向的椎管，内为脊髓。椎管两侧有椎间孔，脊神经由此孔穿出。每个椎骨的椎弓上有7个突起，即向两侧伸出一对横突，向上、向下各有一对关节突和向后伸出一个棘突。相邻两块椎骨的关节突构成椎间关节。

连结椎骨的韧带有：①前纵韧带，位于椎体和椎间盘的前面；②后纵韧带，位于椎体和椎间盘的后面；③棘上韧带，连结全部棘突的尖端；④黄韧带，位于相邻的上、下两椎弓之间；⑤棘间韧带，位于棘突之间；⑥横突间韧带，位于相邻横突之间。它们对脊柱起连结固定作用。

脊柱能支持躯体、保护脊髓，可做屈、伸、侧屈、回旋和环转运动。

（5）脊髓。

位于椎管内，呈扁圆柱形，上端与脑相接，下端逐渐缩窄成为脊髓圆锥，约平第一、第二腰椎下缘。再向下伸延便成一条细索称"终丝"，其周围有腰、骶神经根包绕，共同构成马尾。

脊髓为功能极其重要的低级中枢，借附于其两侧的31对脊神经而支配躯体的各结构。

从脊髓横切面看（图6），可分为位于中央部的灰质和位于周围部的白质，灰质呈蝴蝶形，主要由神经细胞构成，可分为前角和后角。前角内含运动神经元，其轴突组成前根；后角内有感觉神经元，接受后根传入的感觉冲

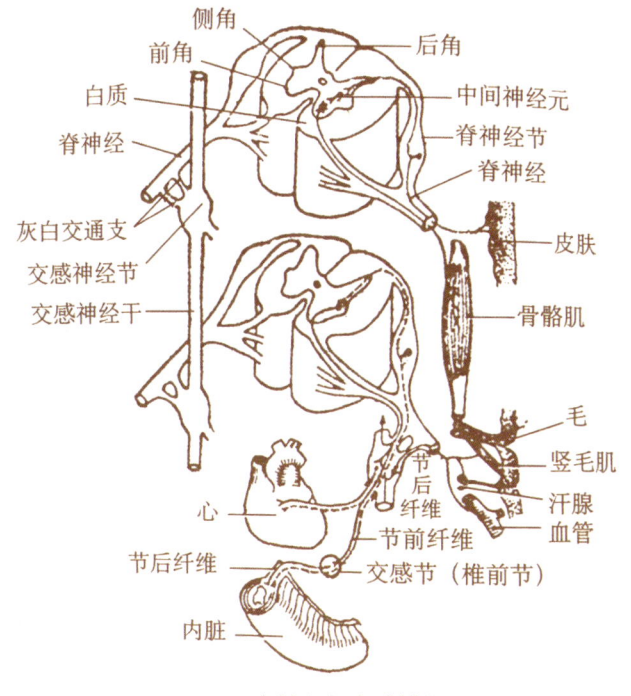

图6 脊神经与交感神经

动。第一胸节至第三腰节尚有侧角，内含交感神经元，发出纤维参与前根，支配内脏活动。脊髓白质主要由上行至脑（感觉）和由脑下行到脊髓的（运动）神经纤维组成，若脊髓损伤则会导致人体的运动和感觉障碍。

（6）脊神经。

脊神经共31对，其中颈神经8对，胸神经12对，腰神经5对，骶神经5对，尾神经1对。

每一脊神经都由前根和后根组成，均位于椎管内，在椎间孔处汇合成脊神经。

前根为运动纤维，主要能将中枢运动冲动传导至肌肉，后根是脊神经节内感觉神经元的纤维，其主要功能是将外周的刺激传入中枢。

脊神经出椎间孔后分为脊神经的前支和后支，它们都是混合性神经。后支较细小，分布于项、背部的皮肤和背深部的固有肌。脊神经的前支粗大，除胸神经2～11外，其余各支分别组成丛，有颈丛、臂丛、腰丛和骶丛。支配颈、胸、腹及四肢的肌肉和皮肤。

胸1～12和腰1～3神经的前支发出白交通支连至交感干，每条脊神经也自交感干接受灰交通支。灰、白交通支含支配内脏的神经纤维。

(7)交感神经干(图7)。

这是位于脊柱两侧的左、右两条纵行的神经干,管理内脏即心肌、平滑肌和腺体的活动。它的低级中枢位于脊髓第一胸节至第三腰节的侧角,由此发出的神经纤维随前根和脊神经出椎间孔后,离开脊神经终于交感干的膨大部分的交感神经节。

交感干神经节共有23～25对。

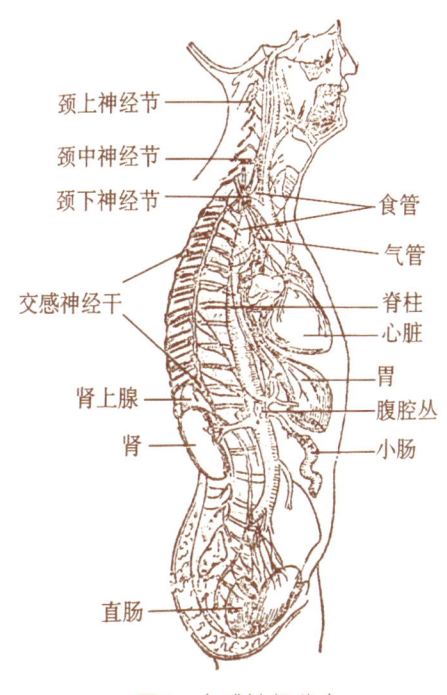

图7 交感神经分布

颈部有上、中、下3对神经节，其纤维主要分布到瞳孔开大肌、唾液腺、头颈、上肢血管和心脏。胸部有11~12对神经节，其中上5个节发出的纤维分布于食管、气管、支气管、肺、心脏等胸腔器官。

以下的几个胸交感节发出内脏大神经和内脏小神经，穿膈而进入腹腔，分布于腹腔大部分器官（从胃到横结肠右半的消化管及肝、胆囊、胰、脾、肾、睾丸或卵巢）。

腰、骶部的交感神经节发出的纤维分布于直肠、膀胱、男女生殖器和下肢等，除上述交感神经外，内脏还接受副交感神经的支配。交感和副交感神经对器官活动的作用是相互配合的。

经常练习八段锦，有如下治疗作用。

八段锦对颈部疾病的作用

颈部是头与躯体上通下达的桥梁。头部的重要神经、血管和器官要通过颈部与躯干相连，所以，颈部的组织结构既复杂又重要。它是颈部所引起的各类疾病临床表现多样化的基础。例如：

(1)椎动脉型颈椎病。

椎动脉经上六颈椎横突孔向上穿颅底部的枕骨大孔入颅(图8)。供应脊髓、延脑、脑桥、小脑、大脑枕叶的血液。当颈椎体侧方骨质增生时,可压迫椎动脉,致使管腔狭窄。

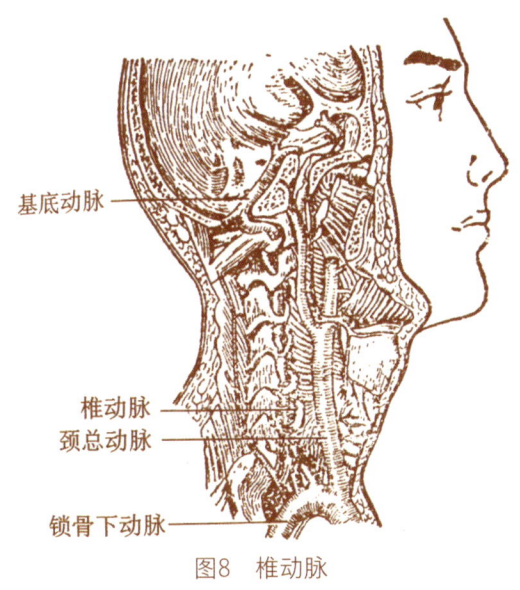

图8 椎动脉

在正常情况下,颈椎长度与椎动脉的长度一致,随着年龄的增长,椎间盘退化变薄,以致颈椎高度缩短,椎动脉相对变长而发生迂曲,因而血液缓慢流动,甚至中断,造成患者因脑缺氧而出现头昏、头痛,甚至眩晕或晕厥等症状。

八段锦的锻炼对治疗椎动脉型的颈椎病是有效的。由于八段锦运动可使头部前俯、后仰、左右侧屈及旋转等，锻炼了颈部的组织结构，如颈椎的韧带、关节和肌肉等，促进了颈部椎动脉的血液循环，从而可改善脑缺血的症状。

（2）脊髓型颈椎病。

脊髓型颈椎病是由于椎间盘发生了退行性变化并失去弹性突向椎管内压迫脊髓所致；或是由于椎体后方的骨刺、小关节的增生、黄韧带肥厚或椎板增厚等原因压迫脊髓，以及其他原因等，导致血循环障碍所引起。其中以椎间盘变性为主要原因。

椎间盘周缘部为纤维环，前部的纤维环与其前面坚厚的前纵韧带相连，纤维环的后部与其后面的窄而薄弱的后纵韧带相连，椎间盘中央的髓核易于向后突出，因而压迫脊髓或脊神经。

经常进行八段锦锻炼，可使肌肉收缩牵拉、肌腱和韧带的韧性增加，可以防止椎间盘向后脱出，同时可使颈部的黄韧带（弓间韧带）、椎板等组织结构也随着血液循环的改善，获得充足的氧气和营养物质，从而恢复和维持其正常功能。

八段锦运动,可以涉及脊髓及其有关颈部的脊神经、交感神经,反射性地调节其所支配的颈部、上肢、心脏等器官功能。这与通过锻炼使中枢神经协调有关,因为中枢神经能调节体内各器官的生理活动。中枢神经功能提高了,被它控制调节的颈部组织器官的功能也随之提高,便能使其功能恢复正常。

八段锦锻炼胸腹部对内脏疾病的防治

八段锦的第三段、第四段和第七段的动作都锻炼了胸腹部的有关重要器官:胸交感干,胸主动脉,上、下腔静脉,胸导管,食管,气管,心脏血管,迷走神经等。现仅择其对心脏、肺的作用加以说明。

八段锦运动,会作用于位于胸椎两侧的胸交感神经干。

胸交感干极为重要,从上胸5节发支至胸主动脉、气管、支气管、心、肺。第5～11胸交感神经节发出分支组成内脏大、小神经穿过膈进入腹腔,参与组成腹腔丛,由此丛发出纤维分布至肝、脾、肾以及胃、小肠、大肠的右半。通过锻炼可牵涉背部的组织结构和交感干,使交感与副交感神经反射活动更加协调，使器官功能改善，达到防治疾病的目的。

例如冠状动脉硬化性心脏病（冠心病）的患者，持之以恒地进行八段锦的锻炼，可通过神经反射性地使冠状动脉扩张、血液循环加强，同时也有利于心脏侧支循环的形成，改善心肌的营养和氧气的供应。通过运动，还可兴奋支配心脏的交感神经。这对心脏有营养性功能，又可增强心肌收缩力。

因此，冠心病患者进行八段锦锻炼是极为有益的。

八段锦运动，使胸部脊柱向左、右侧屈，前屈，后伸及左右旋转。这些动作都锻炼了呼吸肌，如胸肌、肋间肌、膈肌、腹肌等，可使肌肉发达、收缩力增加、胸廓运动的幅度增大，因而肺活量增加，使人体获得更多的氧气，以改善、恢复和提高器官功能的作用。

八段锦锻炼腰部对疾病的防治

临床上，中医常用按摩、针灸腰部脊柱的两侧，来治疗腰腿痛、胃肠功能紊乱、食欲不振等多种疾病。八段锦锻炼也可收到同样的疗效。

腰部有重要的结构，除了腹后壁的腰肌及腰椎外，还有位于腹后壁前面的肾、肾上腺、输尿管、腹主动脉、下腔动脉、神经（腰、骶神经丛和腰交感干）、淋巴等。

八段锦的许多动作都是锻炼腰部的，如第一段、第三段、第六段、第七段都分别使腰部伸展、侧屈、环转、前屈等，全面地锻炼了腰部的结构。具体功能见下：

（1）增强腰部肌肉和韧带的功能：八段锦可锻炼腰肌、腰部的韧带和关节。得到锻炼的腰肌主要是髂腰肌、骶棘肌、腰方肌、腹肌等。进行八段锦锻炼可使肌纤维变粗，肌糖原和肌蛋白含量增高，肌收缩性加强，从而更能承受外力的撞击，这对防治腰肌劳损颇为有效。此外，八段锦可使脊柱的前纵韧带、后纵韧带、椎间关节等均得到锻炼，改善腰部的血液循环，使局部代谢加快，对防治腰椎间盘突出也很有意义。

（2）提高腰、骶神经的调节能力：当锻炼腰部时，位于腰、骶椎两侧的脊神经腰丛及骶丛也受到刺激。腰丛的分支主要支配腰肌、大腿前面及内侧的肌肉运动。骶丛的主要分支是坐骨神经，支配大腿后部、小腿及足的肌肉活动。因此，当腰椎间盘突出时，会严重损伤腰、骶神经，引起坐骨神经痛或下肢瘫痪等。进行八段锦的锻炼，既可改善神经功能，使肌肉活动协调，又可改善腰、腿部的软组织血循环,提高软组织代谢和营养,这对防治腰、腿的肌肉萎缩、粘连、退化性变化都有效果。

(3)促进肾上腺活动的调节:进行八段锦锻炼,也涉及位于腰部前面、肾上方的肾上腺。肾上腺分为髓质和皮质两部分。肾上腺髓质分泌肾上腺素和去甲肾上腺素,有促使血压升高、血流加速和血糖升高的作用。

肾上腺皮质分泌多种激素,如皮质醇、皮质酮和醛固酮等,在维持生命活动中起重要作用。若切除两侧肾上腺皮质,可引起动物死亡。因为肾上腺皮质的作用非常广泛,可以调节糖、蛋白质、水盐代谢等。当机体受到内、外环境的有害刺激,如炎症、中毒、创伤、疼痛、缺氧、寒冷、精神紧张等时,肾上腺能使机体发生一种全身应激反应,尤其肾上腺皮质分泌可的松等激素,更能耐受有害刺激。故在临床上常用氢化可的松以抗炎症、抗过敏、抗休克等,也是这个原理。

研究证明,运动员的肾上腺皮质功能比一般人强。当运动员在训练日时,其肾上腺活动就比在休息日强,比赛后则较比赛前强。可见,体育运动可以加强肾上腺皮质调节。八段锦锻炼无疑能通过神经反射促进肾上腺皮质分泌加强,对体内的许多疾病起到治疗作用。

综上所述，八段锦主要锻炼了身体背部复杂的组织结构，促进了全身血液循环，并通过神经调节使人体器官获得正常功能。同时这套运动使肾上腺功能加强，通过其分泌的激素也可调节体内许多器官的功能，这种生理现象称为神经-体液调节。所以经常进行八段锦锻炼可促进神经-体液调节，对人体的健康甚为有益。

（二）从脏腑经络论八段锦的作用

中医学理论认为，人体组织结构以心、肝、脾、肺、肾五脏为最高级的五大系统，五脏之中又以"心"为最高主宰，所以有"心为君主之官"的说法。与五脏相配的为六腑，即胆、胃、大肠、小肠、膀胱、三焦。连结五脏六腑和皮肤、血脉、肌肉、筋、骨等全身组织器官，全靠经络系统。经络系统中主要为十二经脉与任脉、督脉，合称十四经脉。

导引旨在使"气"运行，"气"运行正常，就能吐故纳新，而"气"的运行途径在于经络，经气运行则气血畅通，促使脾胃所吸收饮食之精华输布于全身而藏于五脏，又通过经络气血的运行把五脏精华之物质供养全身，以保持人体阴阳平衡，中医学称之为"阴平阳秘，精神乃治"。

如能做到经常保持阴阳相对平衡（阴平阳秘），那么人便能活到应该达到的岁数。

人到底能活多久？我国古医经《素问·上古天真论》指出"其知道者：法于阴阳，和于术数，饮食有节，起居有常，不妄作劳，故能形与神俱，而尽终其天年，度百岁乃去"。所谓"法于阴阳"，就是以阴平阳秘为指导思想；所谓"和于术数"，就是懂得利用导引、按跻等调养身心之法，并注意起居饮食，劳逸结合。这些要求如果都能达到，那么，人活到一百岁是不成问题的。

人可以活到一百岁，不是猜测，而是事实。根据我国人口普查，我国百岁以上的老人不少，而且有些百岁老人还能劳动。当然，这些老人不一定知道"法于阴阳，和于术数"，但他们一生却在不知不觉中履行"法于阴阳"，做到饮食有节，起居有常，不妄作劳。

此外，长寿还受环境条件与遗传因素等影响，原因是多方面的。但还要看到其中不少长寿老人是会"和于术数"的。有些八九十岁的老翁，原来曾经体弱多病，后来通过持之以恒的锻炼而得到长寿。这就是说，即使人没有长寿的遗传基因和长寿的环境，通过生活调节和锻炼，使身体达到"阴平阳秘"，争取到"度百岁乃去"，是完全有可能的。这样的典型人物，到处都有。

这里有必要对"法于阴阳"与"阴平阳秘"再加以申述。

《黄帝内经》十分重视精神上的修养，如今我们还可以将其和"革命的人生观"结合起来理解中医学一贯重视的精神因素与疾病发生的关系。

《素问·上古天真论》主张"恬淡虚无，真气从之；精神内守，病安从来？"我们有些革命前辈在敌人的监牢里，把个人生死得失置之度外，在艰苦的生活中甚至在非人的牢狱生活中，不倦地为革命事业而埋头工作，仍能活到高龄乃去。有革命的情操，胸怀宽广，对前途乐观，这就是"恬淡虚无"这句话的新解。反过来看，有些患者对自己的身体顾虑重重，精神上时刻受到削伐，致轻病变重，重病不治而夭亡！积极与疾病作斗争，树立胜病之信心，采取积极的治疗与锻炼措施，才能健康长寿。

《黄帝内经》所述，可以作为练好八段锦的前提。这是一项宝贵的文化遗产，在前言中已有论述。

八段锦对脏腑的作用

第一段两手托天理三焦。主要以理上焦为首，调理心肺为主。心是一身之主，肺辅佐心。第一个动作两手上举，胸廓上提，吐故纳新，气血畅通，从上焦带动中焦和下焦，即由心肺带动其他脏腑作为开始，强身先强心，这与"心为君主之官"的思想是合拍的。

第二段左右开弓似射雕。这一动作除头颈左右摆动之外，主要扩张胸部，是上一动作的继续，其作用以肺为主而兼及于心。肺主气而司呼吸，左右开弓加强了吐故纳新的作用。

第三段调理脾胃须单举。主要作用于中焦脾与胃。中医学认为脾胃是后天之本，饮食精微之气，全靠胃的受纳与脾的运化。所谓运化就是消化吸收上送心肺，输布于全身。这一动作放在心肺为主的运动之后，加强摄入营养物的运输与分配，是安排得很好的。对于有消化系统疾病的患者，可于做完八段锦之外，在一天里单做本动作二三次，效果颇好。

第四段五劳七伤望后瞧。所谓五劳七伤，是指五脏的劳伤病症（包括肺结核）。这一动作，首先作用于两肺尖，使两肺尖部的通气改善，以强健肺脏，除对肺结核病（中医名肺痨）有一定的治疗作用之外，也因肺气的增强而有补益全身的作用。这一段除了对肺气的影响之外，更重要的是通过背部经络的作用，产生其他治疗效果（详见后述）。

第五段攒拳怒目增气力。这一动作主要是运动四肢和头目。脾主四肢，也主肌肉，故随着四肢、肌肉的增强，脾胃亦得到增强。肝主眼，故这一动作也有益于肝而增强视力。

第六段两手攀足固肾腰。腰为肾之府（肾居腰部之内），两手攀足其目的在于运动腰部，而腰部的运动除了可治腰痛之外，更重要的目的在于固肾。肾脏强固，对全身的影响甚大。中医有"肾为先天之本"之称，说明肾在五脏之中也居于十分重要的地位，长寿与肾的健旺有十分密切的关系。为了肾的健旺，除了这一运动之外，还要注意节制性生活，因为房事过多可损肾精肾气。

第七段摇头摆尾去心火。所谓"心火"是指可以引起疾病的各种邪火。在生理上说"心主火"，如果人没有"心火"便活不成了。因为"心"好比人体的能源机构，能源一断，生命便停息了。故"去心火"三字，应从"阴平阳秘"的角度去理解。通过摇头摆尾这个运动幅度较大的、牵涉全身的动作，使八段锦的运动量增至最大，这种摆动使人有逍遥的感觉，五脏六腑都得到"洗涤"，郁火全消，又因为其作用及于五脏，"心"能代表五脏，便以"去心火"名之。

第八段背后七颠百病消。这最后的一个动作与第一段动作相对，有收势之意，调整运动后的肢体，使五脏安和,达到"阴平阳秘"的目的,所以称为"百病消"。不过,不能认为单靠这一段可以消除百病,但也不能认为是无关紧要的收式。它是前七段的结尾,七次颠动,从头颈到整个脊柱、胯、膝与踵,以至体腔之内的脏腑,都在全身放松之下,接受一下一下的振动,这个振幅使"气"的运行更加深入,更加协调,故前人用"百病消"一语,既形容八段锦的作用,也道出这一段的重要性。

八段锦对经络的作用

经络是人体组织结构的一个重要组成部分,它不仅是气血运行的通路,而且是内属脏腑,外络肢节(四肢、百骸、五官七窍),沟通表里上下,网络全身,把各组织器官连成一个统一的整体。

经络之主要者为十四经脉。即手三阳经、手三阴经、足三阳经、足三阴经,合称十二经,再加上督脉和任脉成为十四经脉。

十二经脉均从属于脏腑,所以每一经都与脏或腑的名称相结合。

十二经的名称为:手太阴肺经,手少阴心经,手厥阴心包经;手阳明大肠经,手太阳小肠经,手少阳三焦经;

足太阴脾经，足少阴肾经，足厥阴肝经；足阳明胃经，足太阳膀胱经，足少阳胆经。

十二经脉阴阳相配，一脏与一腑相配。例如手太阴肺经与手阳明大肠经相配，因为肺与大肠相表里，关系至为密切（手厥阴心包经与手少阳三焦经成一对，心包是心的外围组织，三焦的论述较复杂，不作详谈）。

任脉和督脉（图9），一前一后居于人体的正中线，从腹下会阴沿腹部上行绕过口唇至眼眶下缘的为任脉。从躯干最下部会阴处，沿脊柱上行，经头顶并沿前额正中至鼻柱，止于上唇之内。

这两条经脉有"总督诸经"的作用。两者的分工是：任脉有统任手、足三阴经的作用；督脉有统督手、足三阳经的作用。

明白上述经络的简单情况之后，再回顾八段锦的动作，我们可以发现，八段锦的动作对脊柱的运动最为突出。如：

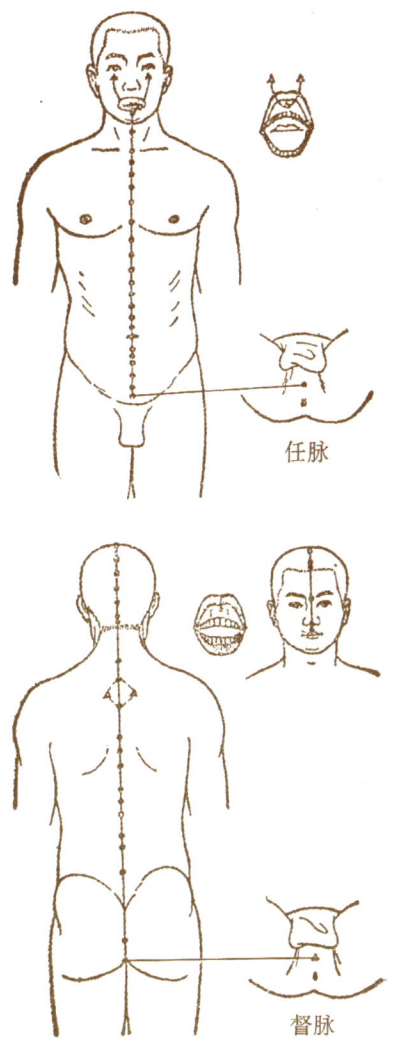

图9　任脉、督脉

第一段"两手托天理三焦",脊柱伸展;

第二段"左右开弓似射雕",颈段腰段脊柱向左右旋转;

第三段"调理脾胃须单举",脊柱向左右侧屈;

第四段"五劳七伤望后瞧",颈部脊柱向左右转动;

第五段"攒拳怒目增气力",颈部脊柱向左右旋转;

第六段"两手攀足固肾腰",脊柱前后屈伸;

第七段"摇头摆尾去心火",脊柱做环转运动;

第八段"背后七颠百病消",脊柱椎体轻微伸展与抖动。

若从经络角度来看,这些动作以运动督脉为主,兼及任脉,其影响及于全身各阴阳经。

在脊柱两侧,还有一对足太阳膀胱经。五脏六腑的背俞穴,就分布在夹脊两旁这一经脉段内(图10)。

什么是背俞穴?背俞穴是分列于脊柱脏腑输注于背部的穴位,分列于脊柱两侧。

脏腑异常时,往往在相应的背部俞穴有压痛或敏感的反应点。

临床上针灸背部俞穴,可以治疗脏腑的疾病。例如:肺的病取肺俞,肾的病取肾俞等。

背俞穴也可以治疗与该脏腑所属的疾病,例如"肝开

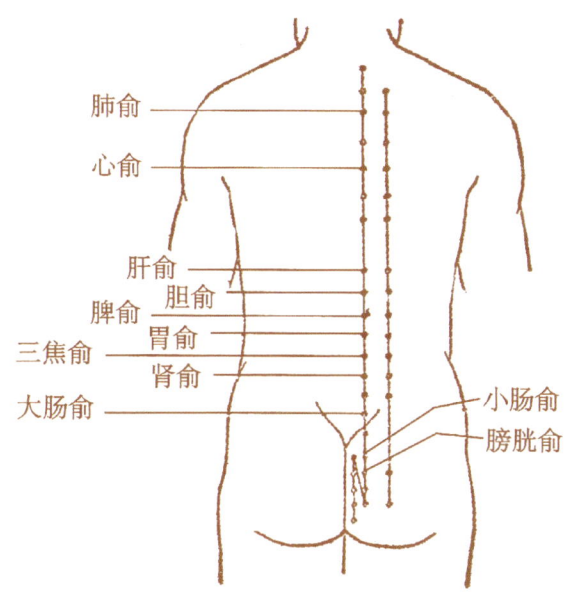

图10 足太阳膀胱经

窍于目",眼病可取肝俞穴治疗。

可见以脊柱运动为主的八段锦运动,通过脊柱棘突、横突的牵动刺激这些俞穴,直接给五脏六腑以良好的影响,连同督脉、任脉的经气运行一起,使人的五脏六腑都健壮。

综上所述,八段锦之所以能够消除百病,益寿延年,是因为它通过脏腑经络的作用而收到了良好的效果。

（三）对八段锦的现代研究

近年，有学者对八段锦在养生和治未病方面的作用展开了实证研究。

刘洪福等人的论文《健身气功·八段锦健心功效实验探讨》（《武汉体育学院学报》2008年第1期）指出，该功法能够有效对抗一些躯体化焦虑症状，在强迫症、抑郁症以及敌对心理等方面都能起到缓解作用。

曾淑娟在论文《健身气功八段锦对大学生体成分和心血管功能的影响研究》（广州体育学院2019年硕士学位论文）中指出，八段锦能够提升人整体的柔韧度，改善心肺功能，优化身体形态。

汤庆华等人在《健身气功·八段锦对高校退休教师身体机能及素质影响的研究》（《山西师大体育学院学报》2008年第1期）中提到，在退休高校教师群体中进行健身气功八段锦对身体素质影响的实验，显示出积极影响趋势的指标，包括体重指数、腰臀比例指数、收缩压、舒张压等，在坐位体前屈和闭眼单脚站立等柔韧度、平衡能力的测试中，表现也有明显改善。

关于邓铁涛教授所习的八段锦，也已有不少研究。如：

邓维等在《邓老养生八段锦在慢性阻塞性肺疾病肺康复中的疗效评价》（《按摩与康复医学》2020年第24期）中指出，对于慢性阻塞性肺疾病稳定期患者，在常规药物治疗基础上配合邓老养生八段锦锻炼，可以缓解症状、增加运动耐力、提高生活质量。

李元君在《邓老八段锦干预糖尿病前期的临床疗效观察》（广州中医药大学2016年硕士学位论文）中介绍，通过随机对照试验表明，以邓老八段锦运动干预糖尿病前期可以有效改善空腹血糖和餐后2小时血糖，达到控制血糖、降低糖尿病发生的风险；可以改善口甜、倦怠乏力、脘腹胀痛、心烦易怒等症状，并且有改善精力、睡眠、情绪等方面的作用。

六　邓铁涛教授论养生

邓铁涛教授出生于1916年，逝世于2019年，享年104岁。他生前直到百岁高龄，依然耳聪目明，思维敏捷。这一切与他长期坚持养生实践是分不开的。邓铁涛教授对养生有深刻而独到的认识。在此撷取他的部分养生言论，并介绍他的一些养生实践做法，以供读者练习八段锦之余加以参考借鉴。

（一）论养生之道

2002年，邓铁涛教授在香港《明报月刊》上撰发《养生之道》一文，论述了他对于养生的主要观点。全文主要内容如下：

养生不等于卫生，但又包含卫生。卫生有防卫之意，属于防守性质；养生乃培养之意，属于主动争取。故养生之要求，高于卫生。

养生之道，是中华文化的优良传统，应予发扬，以造福于人类。

养生之道，中医经典著作《黄帝内经》有两句经典性的话："虚邪贼风，避之有时，恬淡虚无，真气从之；精神内守，病安从来？"这句话指出要注意适应自然环境对我们的影响，而更重要的是锻炼自己的精神世界，控制过当的七情六欲，勿患得患失，保持心态的平衡比什么都重要。这是现代人极不重视的问题，不仅导致精神神经性疾患为害日甚，更因内在的阴阳平衡失调，正气不能存内，而诱发各种疾病。

七情六欲中必须注意节戒色欲、珍惜精气。今天要大声疾呼，因为能使人纵欲的药正在发大财。有人以为排精只是排泄物的一种，不知"精"乃人赖以生存的精微物质，精充则体健寿长。皇帝有三宫六院，皇帝的寿命史是一部短命史。唯有乾隆皇帝，御医教他勤习武、远房帷，所以能活到80多岁。多年前报道泰国一警官嫖娼，一夜七次性行为而暴毙于酒店房中，可以为证。

饮食有节，保护脾胃也是养生的重要一环。过食肥甘厚味与过饥过饱均不相宜。注意勿过食肥甘厚味，但不必对含胆固醇食物畏之如虎。有些人即使餐餐吃白饭也会胆固醇高，这有一个内源性的问题，也就是"体质"的问题。我的意见是食物要广谱，肥甘厚味适当进食，关键是要运动，以消耗过多的脂肪与超目标不必要的东西。西方的饮食方式是制造"胖墩"小孩的根源。某些高热量快餐饮食乃祸首也。奉劝天下父母们注意："若要小儿安，常带三分饥与寒。"这也是养生之道。

运动以增强体质是养生重要措施。但所谓"生命在于运动"这句话只说对了一半。早些年此话见报后，曾害了不少老人，包括一个医学教授倒于运动场上。奉劝60岁以上或50岁之体弱者，不宜跑步之类的强烈锻炼。汉代华佗在论五禽戏时指出:"人体欲得劳动,但不使极耳。动摇则谷气得销,血脉流通,病不得生。"我建议欲运动以益寿延年者,以练太极拳、八段锦、五禽戏及气功之类能使"气和体柔"的运动为上选。当然运动形式可以多种多样,可以自选,但应谨记华佗的话——"人体欲得劳动,但不使极耳"。所谓超限锻炼不是养生之道也。

本文是邓铁涛教授养生观点的集中性概括。文中提到了许多重要的原则,下面试一一解读。

（二）养生的内涵

邓铁涛教授对"养生"与"卫生"的区别，讲得简明扼要，他说"卫生"属于防守性质，"养生"属于主动争取，"养生"的要求高于"卫生"。

在历史上，与这两个词相接近的还有"摄生""摄养""颐寿""颐生""颐养"等等。"颐""摄""养"等作为动词，其意义比较接近。而"卫生"这个词，原本出自《庄子·杂篇庚·桑楚》，原文说："卫生之经，能抱一乎？能勿失乎？能无卜筮而知吉凶乎？能止乎？能已乎？能舍诸人而求诸己乎？能翛然乎？能侗然乎？能儿子乎？儿子终日嗥而嗌不嗄，和之至也；终日握而手不掜，共其德也；终日视而目不瞬，偏不在外也。行不知所之，居不知所为，与物委蛇而同其波。是卫生之经已。""卫生"在这里的含意是比较广的，也具有主动的含义。不过，随着现代公共卫生体系的建立，现在普遍使用的"卫生"一词，成为预防医学的名词，常用于公共卫生、个人卫生等场合，这就出现了邓铁涛教授所提到的"养生""卫生"词义的不同。在现代医学术语中，与"养生"词义更接近的是"保健"。

抛开文字考证,更重要的是理解邓铁涛教授所说的内涵。如果说,"卫生"主要是防备外界病因,而"养生"更带有增强自身的导向,更需要发挥主观能动性。古人有句话说"我命在我不在天",也是这种意识的体现。总之,影响健康的因素虽然有许多方面,但人自身的努力在任何时候都是最重要的。邓铁涛教授所说的"主动",强调的是有意识、有计划和有针对性的自然保养。而他本人的养生实践,也充分体现了这一点。

邓铁涛教授晚年日常生活相当有规律。他通常早晨起床后,在床上静坐一会儿,做一些自我保健按摩。起来后饮茶,打八段锦。早餐后,再做一会儿气功,然后读书、看报、写文章等。中午时分,下楼散步,绕楼几圈,然后午餐。通常午睡1个小时左右,下午继续读书、看报、写文章等工作,然后打太极拳。晚餐后看看电视,大约21时洗澡,一直坚持冷热水交替的方式,然后再做半小时左右气功,稍稍看书读报一会儿,在23时左右准时就寝。这种生活方式,经过数十年已经成为自动自觉的习惯。长年的坚持,使他在百岁之时依然思维清晰,动作不衰。

（三）养生与文化

邓铁涛教授认为："养生之道，是中华文化的优良传统，应予发扬，以造福于人类。"他把"养生"放到了相当的高度上。而这一理念也已经在我国当前的健康政策中得到充分体现。2016年8月19日，习近平总书记在全国卫生与健康大会上的讲话中强调"努力实现中医药健康养生文化的创造性转化、创新性发展"。"实现中医药健康养生文化创造性转化、创新性发展"也被写入《"健康中国2030"规划纲要》，成为国家战略的重要组成。由此可见邓铁涛教授的高瞻远瞩。

虽然世界各个民族的文化都重视生命健康，但由于文化观念不同，对养生的理解是不一样的。中国文化中的养生体现的是生命观念，它秉承中医"天人合一"的传统，把人的健康置身于天地自然、社会家庭乃至思想文化的广泛影响下来考虑，养生的理论高度重视心理、情绪与身体之间的关系，把心理卫生、情操锻炼与治疗保健等很好地统一起来，数千年来形成了内容丰富的医药养生、饮食养生、气功导引养生、艺术养生等方法。

邓铁涛教授认为，这些有助于更正和弥补现代医学的单一思维，更好地指导人类生活。他曾经提出，未来医学也需要有更多的文化内涵，呼吁"实行'上工治未病'，医学将以养生保健为中心，使人人生活过得更愉快、舒适、潇洒"，并且倡言："医学除了属于科学范畴之外，将深入文化、美学、艺术，使医学从人体的健康需求上升到精神世界的美好境界。医学、文学、美术、书法、音乐、歌舞、美食、药膳、气功、武术、健康旅游、模拟的环境、梦幻的世界……将成为'保健园'的重要组成部分。接受保护健康，是快乐的事而不是苦事。"

由此可见，邓铁涛教授所说的"养生文化"优良传统，核心就是"以人为本"，这与中国文化特质一脉相承。

（四）养生与环境

"养生"强调主动性，但绝不是主观唯心性。所以邓铁涛教授引用中医经典著作《黄帝内经》的名言"虚邪贼风，避之有时"，指出要注意适应自然环境对我们的影响。这就是说"养生"也要注意防卫，包含了"卫生"的内涵。

什么叫做"虚邪贼风"？它是外界致病因素的总称。从小环境来说，要注意房屋、门窗的密闭性，不要当风而立；从大环境来说，就要注意一年四季的气候变化，及时调整适应，对于特殊的不正常气候尤其要做好防护。

中医特别注重"天人相应"，对于一年四季气候变化影响人体的情况，已经提炼出概念性、规律性的认识，并总结为"六淫"理论。

"六淫"指风、寒、暑、湿、燥、火这六种致病因素。相对而言，春多风、夏多湿、长夏多暑及火、秋多燥、冬多寒，由此在生活中就要适时防护，顺应自然界的气候变化，合理选择饮食及药物进行调理。

春季气候乍暖还寒，多风邪。这个时候人体容易感受风邪引发新病，或诱发旧病，这时要加以注意。民间说"春捂"，就是提醒春季不可过早减衣，以防风邪。春季在五行中属"木"，对应于人体肝脏。因木能克土，脾脏属土，所以春季要防止肝脏功能亢盛而损伤脾脏，饮食上应注意适当选食一些疏泄清散的食品以使肝脏条达舒畅。酸入肝、甜入脾，故春季可少食酸味食品，适量增加甜食，防止肝脏功能过亢，保养脾脏。

夏季气候炎热、多雨，入暑以前气温虽未达到最高，但湿气渐盛，人体易受暑湿所困，导致脾胃功能不振、体内湿气堆积。因此夏季宜清淡、有营养、易消化的饮食，要注意健脾化湿。夏季属"火"，应于心脏，夏季时人体出汗多，"汗为心之液"，出汗过多容易损伤心气。因此要注意调节，并多食一些苦味、甘淡的具有渗湿利水和清热祛湿功用的食品。

长夏是指夏至至处暑这段时间，气温最为酷热，同时湿气也最盛，在五行中对应土，在脏腑中对应脾。这个时期要更加注意清热祛暑、补气滋阴，但又要注意切勿进食过多生冷食物，要兼顾保护心脾。

秋季气候渐转凉，燥邪当令，人体容易感到干燥缺水，这时应该顺应秋季气候特点，多喝水、多食具有甘甜滋阴、补肺润燥作用的食物，以补充水分。秋季在五行中属"金"，应于五脏中的肺，在饮食方面要注意少食辛、香之品，避免辛、香的食物伤津耗气，而应多摄入具有滋阴润肺、补液生津功效的食物。

冬季气候寒冷，万物闭藏，人体各项新陈代谢减慢，容易受到寒邪侵袭。冬季在五行中属"水"，对应五脏中的肾，这时应注意温补营养，避免寒凉。冬季是一年中进补的好时节，适宜根据个人体质的不同选择相应的进补食品。

（五）养生与心态

邓铁涛教授说，养生更重要的是锻炼自己的精神世界，控制过当的七情六欲，勿患得患失，保持心态的平衡比什么都重要。

心态即人的精神和情绪。它对健康的重要性，历代中医典籍都曾反复强调。《素问·上古天真论》说："恬淡虚无，真气从之；精神内守，病安从来？"恬淡虚无的生活习惯有助于强身长寿。《黄帝内经》中多次强调保持清心寡欲、举止节制的生活习惯。《素问·上古天真论》还说："上古之人，其知道者，法于阴阳，和于术数，食饮有节，起居有常，不妄作劳，故能形与神俱，而尽终其天年，度百岁乃去。"所以养生要"志闲而少欲""适嗜欲""为无为之事，乐恬淡之能"等，才能"寿命无穷，与天地终"。

其实，人在生活中，难免会有七情六欲。中医的"七情"指喜、怒、忧、思、悲、恐、惊七种情感，概括了人类的情绪活动类型。这"七情"是人的情感的正常表达，中医所强调的是不要过度，否则容易损伤心神，引起脏腑气血阴阳逆乱而生病。为此，人们应当学会控制自己的情绪，避免大悲、大怒、大喜等过激情绪的产生。

邓铁涛教授常说，人活世间，难免会遇到各种社会生活中不良因素的刺激，我们要有能力去应对它，有能力去处理生活中的各种变数，凡事看得开，不要患得患失，不要让它们过多影响我们的内心；树立起崇高的人生目标，颐养浩然之正气，精神有所寄托，才容易保持心神的安宁。

邓铁涛教授尤其注重道德涵养。他本人在日常生活中，心怀坦荡，待人谦和，不为名利所扰，故而心神安宁，真气充沛。早在青少年时期，他就立下献身中医、济世救人的志愿，此后数十年如一日地忘我工作，始终怀着一颗仁慈关爱之心，为无数病人解除病痛。同时他注重教书育人，曾说："作为素质教育，现在提倡德、智、体、美、劳。德排第一位，是人才的最重要的组成部分，有才无德不是社会需要的人才。"

为了提携青年后辈，他经常用自己研究所获得的奖项资金及书著论文稿酬等奖励资助贫困且优秀的学生。他将中医事业的发展作为自己毕生奋斗的目标，以"我以我血荐岐黄"为己任，为振兴中医而团结同仁、奔走呼吁。徐向前元帅曾赠题一幅给邓铁涛教授，上书："心底无私天地宽。"这正是邓铁涛教授高洁德行的写照。

（六）养生与正气

邓铁涛教授指出，往往由于内在的阴阳平衡失调，正气不能存内，从而诱发各种疾病。这里所说的"正气"，是中医非常重要的概念，指的是人体的正常功能活动以及对外界环境的适应能力、抗病能力和康复能力。而这些能力，可以通过主动干预来增强，这正是养生的意义。

正气充盛，则人体机能旺盛，健康状态良好。《素问·调经论》形容正常人的状态为"阴阳匀平，以充其形，九候若一，命曰平人"，意为阴阳平和，充盛形体，三部九候之脉一致，是健康的表现。《黄帝内经》中还有其他类似的对健康的表述，《素问·生气通天论》说"阴平阳秘，精神乃治"，《灵枢·终始篇》"形肉血气必相称也，是谓平人"等。

以上表述中，屡屡出现"平"这个字，可见这是健康的关键。这就是说，人体的阴阳、气血津液等，在生理状态下都是"正气"的组成部分，但它们也不是多多益善的，而是要处于平衡状态中，否则就变成病理的阴阳不足或偏亢，气血郁滞或亏虚了。由此也可见，正气既具有物质性，但又不绝对依赖于物质。所以维护正气绝不是一味进补，而应当做到机能平衡和身心协调。

（七）养生与肾精

邓铁涛教授秉持传统养生理念，特别提出在七情六欲中必须注意节戒色欲，珍惜精气。关于这一点，《黄帝内经》早有明训，批评了那些"以酒为浆，以妄为常，醉以入房"的人，指出这是他们"半百而衰"的原因。

邓铁涛教授指出："'精'乃人赖以生存的精微物质，精充则体健寿长。"这是有充分的中医理论根据的。中医认为，人体的生长、衰老，都与肾中精气的盛衰关系密切。

《灵枢·经脉》言："人始生，先成精，精成而脑髓生，骨为干，脉为营，筋为刚，肉为墙，皮肤坚而毛发长……"此外，男子的生殖发育、精液的化生，女子的生殖发育、月经的按时来潮等，都与肾中精气关系密切。

《素问·上古天真论》谈到了肾精在两性成长过程中的作用。

"女子……二七而天癸至，任脉通，太冲脉盛，月事以时下，故有子；……七七任脉虚，太冲脉衰少，天癸竭，地道不通，故形坏而无子也。"

"丈夫……二八，肾气盛，天癸至，精气溢泻，阴阳和，故能有子；……七八，肝气衰，筋不能动，天癸竭，精少，肾藏衰，形体皆极……而无子耳。"

可见，中医认为人的生育能力与天癸、肾气有密切关系，而过度房劳必然损耗肾精。

元代朱丹溪在《格致余论》书中专门撰写《色欲箴》篇，强调人们要节制色欲、爱惜肾精。

在现代，不但仍然有人像古代那样"以妄为常，醉以入房"，不利于养生，同时，还出现了大量的性功能药品被广泛应用。

邓铁涛教授对此颇为担忧，指出"比如病马走不动，猛施鞭打使之奔跑，不死何待？！"他认为："中医强调人体保养"精"的重要性，仍未被西医学所认识。"（《闲话伟哥》）重视养生者不可不注意这一问题。

（八）养生与饮食

邓铁涛教授认为，饮食有节，保护脾胃也是养生的重要一环。关于饮食，在现代更多是过食和进食不当的问题。因此邓铁涛教授特别指出："奉劝天下父母们注意'若要小儿安，常带三分饥与寒'，这也是养生之道。"

邓铁涛教授还专门写过一篇《漫谈"富贵病"》，讨论饮食因素对健康的影响。他指出高血脂、高血糖、高尿酸、高血压还有过度肥胖等，属于现代"富贵病"，与人们长期讲究精细饮食和偏嗜肉食海鲜有关。当然不是说美味之物、肉食之类无益，关键在于饮食平衡，即《黄帝内经》所说的"五谷为养，五果为助，五畜为益，五菜为充"。

邓铁涛教授平时的饮食，有如下特点：一是以清淡为主；二是食物种类多样化；三是定时进餐，食不过饱。所谓饮食清淡，指食物以素食为主，五味不偏嗜。

邓铁涛教授注意进食谷类、豆类、薯类、蔬菜、水果等多样化的食物，同时也食用一定量的肉类、蛋类、奶类等动物蛋白，但不喜欢煎炸肥腻的厚味食品。同时，他的一日三餐基本上都是在比较固定的时间段来进行，每餐的进食量也多保持稳定，讲究食不过饱，八分饱即可。良好的饮食卫生习惯对于健康非常重要。

邓铁涛教授还强调，饮食平衡并不仅仅是指现代营养学食谱中的热量和蛋白质、脂肪含量等指标，还应当包括一个重要的原则，即食物的寒热温凉，要讲究"辨证施食"。其中对于中老年人来说，特别要注意少食寒凉。所谓"寒凉"，一是指冷的饭菜、各种冰冻食品。冰冷的食物容易损伤脾胃，影响胃肠道的正常蠕动功能，从而影响营养物质的吸收和利用，不利于健康。二是指中医性味偏于寒性的食物，例如绿豆、赤小豆、梨子、西瓜、蟹等，均偏寒凉，体质虚寒人群不宜大量食用，上了年纪的人阳气渐衰，也不能多食。

邓铁涛教授说："'富贵病'也有人叫'文明病'，其实不完全对。对付它恰恰才真正需要'文明'，这就是中医的养生文明，当然也包括现代医学的文明。"他关于饮食养生的实践体现出这些观点。

（九）养生与运动

对于健康来说，必要的运动是不可少的，但如何锻炼才是合适的呢？邓铁涛教授经常引用汉末名医华佗的名言"人体欲得劳动，但不使极耳"，指出"所谓超限锻炼不是养生之道也"。邓铁涛教授在《漫谈"富贵病"》一文中，对日常如何运动做了进一步的阐述："除了饮食因素外，现代人的生活方式也是'富贵病'的成因之一。出门有车，上楼有电梯，脑力劳作居多，身体的锻炼不足，使机能下降。不少人也意识到这一点，经常下班后去健身房、体育馆锻炼。但是如对锻炼的认识有误区，花钱也未必买得到健康。如有人以为出一身大汗，筋疲力竭才达到效果，或者以练出发达的肌肉作为标志。殊不知，汉代名医华佗早有明训：'人体欲得劳动，但不当使极耳。'锻炼不应到身体疲劳过度的地步，否则对人体不一定有益处。"

那么应当怎样锻炼才适当呢？邓铁涛教授说：

"其实,只要在生活中注意,就能很简单地达到锻炼的目的。例如在有可能时尽量步行,路不远少乘车,少乘电梯,多散步,就很有益。有时间的时候,最好能学习一些中国传统的锻炼方式,如八段锦、太极拳、易筋经等,这些运动动作舒缓,注意气与形体的配合,而且运动所需的条件简单,有两三米的空地就能进行。如果持之以恒,对身体的益处甚大。"

邓铁涛教授大半生都在实践他的运动理念。本书所介绍的八段锦,他从50岁左右就开始练习,数十年几乎从未间断。平时在家中时,每日必打八段锦;即使外出,只要时间和场地允许,也会抽空练习几式。甚至有一次在去国外的长途飞机上,闲来无事,他还在机舱后面的空闲地方习练八段锦。邓铁涛教授指出,青年、中年、老年等各类人群都适合练习八段锦,因为它动作简单,对场地要求不高,而且动作也没有接序性,每招动作都可抽出单练,非常方便。

邓铁涛教授也经常打太极拳。太极拳动作柔中带刚，虚实相间，速度均匀，犹如行云流水，连绵不绝。其架式平稳舒展，少有忽起忽落的明显变化和激烈的跳跃动作，因此适宜不同年龄和体质的人群练习，尤其年老体弱和慢性疾病患者，可作为一种很好的体育医疗手段。邓铁涛教授练习太极拳，有时完整地打一遍，有时偏重练习其中几个动作，均可以起到促进全身气血流通的作用。

（十）养生与气功

邓铁涛教授身边的人都知道，他每天总要抽出一两段时间来，闭目端坐，身心入静。这就是他常常提到的练习气功养生法。

气功在我国有悠久的历史。广义的"气功"包括动功和静功两部分，八段锦就属于动功。狭义的"气功"就是指静功。静功是古代儒道佛三家都很重视的养生方法，儒家称为"心斋"，道教称为"内丹"，佛教称为"坐禅"。其基本要义是通过练习使人处于放松入静状态，呼吸绵长深沉，使心身得到深层次的休息。

各种气功尽管方法各异，但总是以练意、练气为主，基本方法不外是"三调"：调身、调息、调心。

调身指调控身体的姿势和动作。一般姿势宜端正自然，动作则有盘坐式、坐式、靠坐式、站式等不同方式。各人可以根据自己情况选择，邓铁涛教授习惯以坐式为主。

调息是调控呼吸，使其匀平轻柔。调息是气功练习的重要环节，呼吸匀平才能心定。调息也有多种方法，如顺呼吸法、逆呼吸法、自然呼吸法、深呼吸法等。顺呼吸即吸气时扩张腹肌，尽量吸得越深越好；呼气时再将肌肉放松。逆呼吸与顺呼吸相反，即吸气时收缩腹肌，呼气时再将它放松。自然呼吸法即在平时习惯的呼吸方法的基础上，让身体放松入静，将呼吸调整得柔细、匀畅、自然，不刻意干预呼吸的方式。邓铁涛教授常用的调息方法主要是自然呼吸法。

调心指调控心理活动以入静。所谓入静，是指练习气功者在大脑清醒的状态下进入一种稳定的安静状态，在入静状态下心无杂念，对外界刺激的感觉减弱，进入似醒非醒、似知非知的境界，即大脑皮层进入保护性抑制状态。常用的入静方法有：意守丹田法、随息法、数息法、听息法等。邓铁涛教授常用的是意守丹田法和随息法。丹田一般指下丹田，即脐下三寸关元穴处，让意念集中在丹田，有助于排除纷繁杂念，帮助入静。随息法指让意念呼吸自然出入，心息相依，意气相随，不加干涉。

有的人片面夸大气功作用，并且为了追求尽快出效果，一味强用意念，结果反而带来头脑昏沉等副作用。像邓铁涛教授那样，尽量采用自己最自然的方式，真正地放松身心，持之以恒地练习，其效果也是非常明显的。

扫码即可观看
八段锦的起源

扫码即可观看
八段锦教学全套演练